Wiener Melange

JULIA KOSPACH

Wiener Melange

Eine Reise durch Wien
in 7 Farben

METROVERLAG

Für Adi Graml

Danke für den nicht abreißenden Strom köstlichster Gerichte und die Rezepte in diesem Buch!

Vorwort

„Wer sich in Familie begibt, kommt darin um."
Heimito von Doderer

Ich kannte Wien lange bevor ich zum ersten Mal dort war. Mein Wiener Vater kam Wochenende für Wochenende von dort angereist, ich hatte eine Wiener Großmutter und einen Wiener Onkel, Wiener Tanten und Cousins. Sie alle prägten das Wien-Bild meiner Kindheit, und die meisten von ihnen lassen sich ohne Übertreibung als äußerst eigenwillig bezeichnen. So kommt es vielleicht, dass mir das Wunderliche an Wien normal vorkommt und ich, seit ich selbst hier lebe, nachhaltig meinen Blick darauf gerichtet habe. Das Wien dieses Buches besteht aus jenen Stadtteilen, in denen ich mich selbst herumtreibe, und aus jenen, die für meine Freunde und die verschiedenen Mitglieder meiner Familie, die durchaus nur am Rande miteinander zu tun haben, eine Rolle spielen. Natürlich besuche ich nicht ständig das Kunsthistorische Museum und das Schloss Schönbrunn, viel eher spaziere ich durch den Wienerwald, liege sommers im Schwimmbad, sitze abends im Gasthaus und kreuze nur gelegentlich die Pfade derer, die von Walzer-Klängen beschallt und mit Wien-Reiseführern bewaffnet, ihr touristisches Plansoll absolvieren. Das ändert nichts daran, dass es zu einigen der klassischen

Wien-Klischees tatsächlich etwas zu sagen gibt – zum Wiener Naheverhältnis zum Tod etwa oder zur heiklen Frage, worum es sich denn nun tatsächlich bei der Wiener Kaffeehauskultur handelt. Andererseits will mir scheinen, dass sich mein Wien-Gefühl an anderen Phänomenen viel stärker entwickelt hat: an den Sätzen meines Vaters und den Mehlspeisen meiner Großmutter, an den selbst erfundenen Märchen meines Onkels und an den Bahnen, die meine Freunde durch diese Stadt ziehen. Sie alle und eine Reihe anderer, mit denen ich für dieses Buch gesprochen habe, tauchen darin als Wien-Deuter, Wien-Benutzer und Wien-Bewohner auf. Der Ton, den sie anschlagen, hat weniger mit einem schlagobersweichen, Kaiserin-Sisi-durchtränkten Wiener Herz zu tun als mit kraftvoll ausgelebtem Eigensinn. Wie ich diese Geschichten erzähle, hat wiederum mit meinem Eigensinn zu tun.

Wien ist eine gute Stadt für den Eigensinn. Sie steht einem nicht im Weg. Es ist keine Stadt, die einen erschöpft zurücklässt. Dazu ist sie zu klein, und man findet zu schnell einen Weg, der aus Wien hinaus und an seine Ränder führt. Aber zum Leben – und zum guten Essen – ist es groß genug.

Die Kapitel dieses Buches tragen die Namen von Farben: das ziegelrote Wien, das kaisergelbe Wien, das grüne Wien usw. Die Farben stehen für die Schwerpunkte, die in den Kapiteln gesetzt werden, und sollen wie ein buntes Farbleitsystem durch Wien funktionieren. Es beginnt mit dem „weißen Wien“, dem unbeschriebenen Blatt meiner

Kindheit, bis schließlich zum Schluss im Kapitel „Das schwarze Wien" der sprichwörtlich engen Beziehung Wiens und seiner Bewohner zum Tod nachgeforscht wird.

Ein Glossar am Buchende erklärt jene österreichischen Ausdrücke in den Rezepten, die vielleicht nicht jedem sofort verständlich sind. Sie wissen schon: Es gibt Orte, an denen Tomaten Paradeiser heißen. Wien gehört dazu.

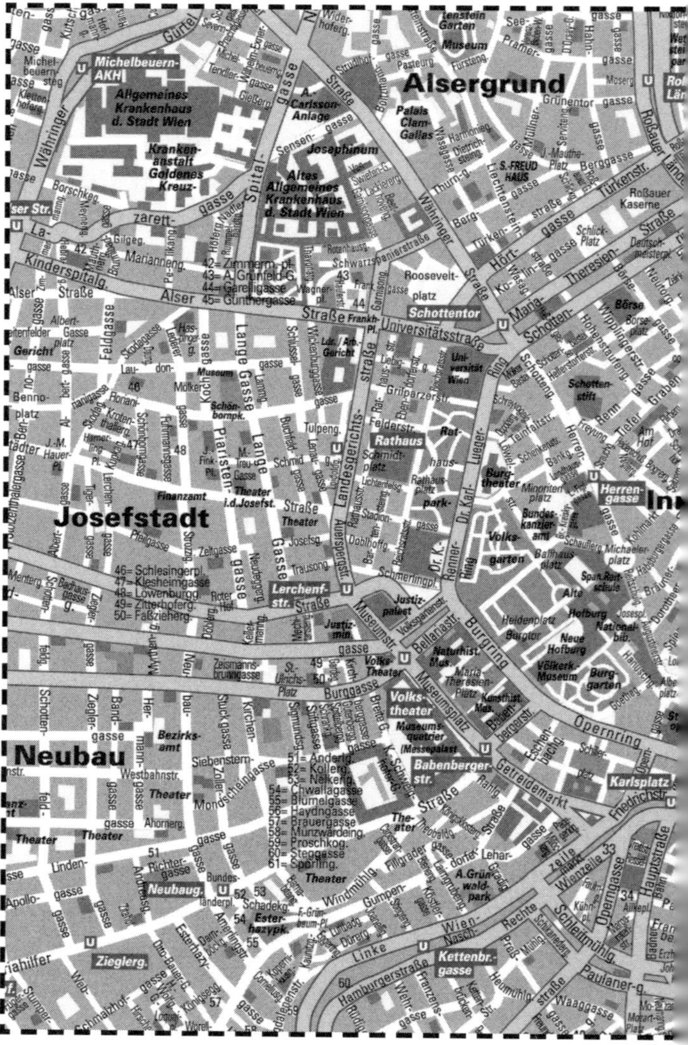
Alsergrund
Josefstadt
Neubau
Michelbeuern-AKH
Allgemeines Krankenhaus d. Stadt Wien
Kranken-anstalt Goldenes Kreuz
Altes Allgemeines Krankenhaus d. Stadt Wien
Josephinum
A. Carlsson-Anlage
Palais Clam-Gallas
S. FREUD HAUS
Roßauer Kaserne
Schottentor
Börse
Schottenstift
Universitätsstraße
Rathaus
Burgtheater
Volksgarten
Herrengasse
Heldenplatz
Hofburg
Neue Hofburg
Naturhist. Mus.
Kunsthist. Mus.
Museumsplatz
Volkstheater
Babenberger-str.
Karlsplatz
Opernring
Burgring
Getreidemarkt
Lerchenf.-str.
Neubaug.
Zieglerg.
Kettenbr.-gasse
Theater i.d.Josefst.
Finanzamt
Bezirksamt
Lange Gasse
Alser Straße
Burggasse
Landesgerichts-straße
Währinger Straße
Linke Wienzeile
Hamburgerstraße
Paulaner-g.
Friedrichstr.
42= Zimmerm.-pl.
43= A. Grünfeld-G.
44= Garelligasse
45= Günthergasse
46= Schlesingerpl.
47= Klesheimgasse
48= Lowenburgg.
49= Zitterhoferg.
50= Faßziehgasse
51= Anderg.
52= Kollerg.
53= Nelkeng.
54= Chwallagasse
55= Blumelgasse
56= Haydngasse
57= Brauergasse
58= Münzwardeing.
59= Proschkog.
60= Steggasse
61= Sporlingg.

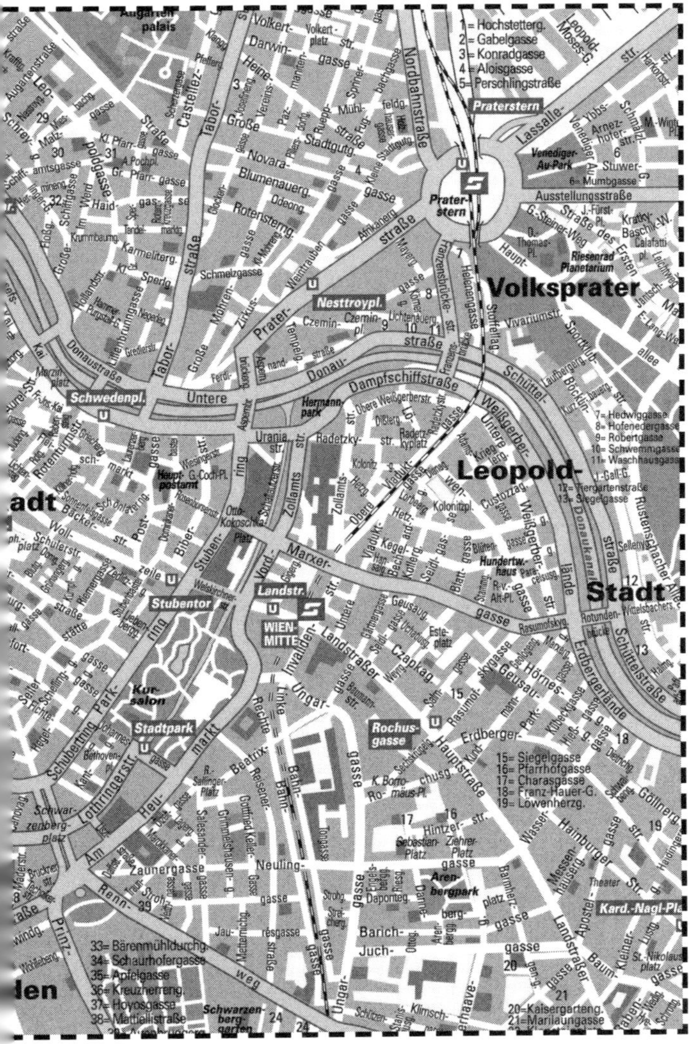

1= Hochstetterg.
2= Gabelgasse
3= Konradgasse
4= Aloisgasse
5= Perschlingstraße
Praterstern
Volksprater
Leopold-
Stadt
Schwedenpl.
Nestroypl.
Landstr.
WIEN-MITTE
Stubentor
Stadtpark
Rochus-gasse
Kard.-Nagl-Pl.
Riesenrad Planetarium
Venediger-Au-Park
Hermann-park
Haupt-postamt
Kur-salon
Hundertw.-haus
Aren-bergpark
Schwarzen-berg-garten
Nordbahnstraße
Lassalle-
Ausstellungsstraße
Taborstraße
Große Stadtgutg.
Novara-
Blumenauerg.
Praterstraße
Untere Donaustraße
Dampfschiffstraße
Obere Donaustraße
Donaukanal
Weißgerberlände
Schüttelstraße
Erdbergerlände
Radetzkystr.
Marxergasse
Landstraßer Hauptstraße
Invalidenstr.
Ungargasse
Rasumofskygasse
Erdberger-
Neulinggasse
Zaunergasse
Heumarkt
Parkring
Stubenring
Lothringerstr.
Schwarzenbergplatz
Rennweg
Juchgasse
Barichgasse
Hainburger Str.
Hintzerstr.
Sebastian-Platz
Wassergasse
7= Hedwiggasse
8= Hofenedergasse
9= Robertgasse
10= Schwemmgasse
11= Waschhausgasse
12= Tiergartenstraße
13= Siegelgasse
15= Siegelgasse
16= Pfarrhofgasse
17= Charasgasse
18= Franz-Hauer-G.
19= Löwenherzg.
20= Kaisergarteng.
21= Marilaungasse
33= Bärenmühldurchg.
34= Schaurhofergasse
35= Apfelgasse
36= Kreuzherreng.
37= Hoyosgasse
38= Mattiellistraße

Das weiße Wien

Bevor man zum ersten Mal hinfährt, ist Wien eine weiße Leinwand. Man hört so viel von Wien, dass man die Leinwand im Kopf langsam mit Bildern davon vollzeichnet, wie es in Wien wohl sein mag und wie die sind, die dort leben: die Wiener – und wie man sie sich vorzustellen hat. Einige Beispiele.

Lange bevor ich das erste Mal nach Wien kam, kam Wien zu mir. Jeden Freitagabend mit dem Zug um zehn vor acht. Wochenende für Wochenende, Jahr für Jahr, so sicher und unvermeidlich wie die Jahreszeiten. Wien blieb von Freitagabend bis Sonntag sechzehn Uhr dreißig. Dann verschwand es aus meinem Blickfeld, um am Freitag der nächsten Woche wieder aufzutauchen. Wien war mein Vater. Am Freitag um zehn vor acht entstieg er am Hauptbahnhof der kleinen Kärntner Stadt, in der ich aufgewachsen bin, einem Zugabteil erster Klasse. Wir erwarteten ihn auf seinen ebenso ausdrücklichen wie unerklärten Wunsch hin niemals auf dem Bahnsteig, sondern stets in unserem dunkelblauen Volvo, den meine Mutter am Bahnhofsplatz in die immer gleiche Parklücke vor einem Herrenmodengeschäft steuerte. Dort saßen wir in untätiger Einsilbigkeit und warteten. Meine Mutter hinterm Lenkrad, mein älterer Bruder und ich auf der Rückbank, alle drei mit dem Rücken zum Bahnhof. Irgendwann näherte sich gemessen das rhythmische Klick-Klack der Schritte meines Vaters, dessen Schuhe an den Fersen mit kleinen Metallplättchen verstärkt waren. Wenn er den Kofferraum öffnete, was er immer als Erstes tat, drangen die Geräusche der Stadt ins Auto und alles geriet wieder in Bewegung. Mein Vater stellte seine Tasche, eine damals schon vorsintflutlich anmutende Arzttasche aus brüchigem, dunkelbraunem Leder mit Messingbeschlägen, in den Fond. Danach legte er seinen Hut auf die hintere Ablage. Schließlich setzte er sich auf den Beifahrersitz, begrüßte meine Mutter mit einem für unsere Kinderohren fantastisch exotischen „Küss dich!" und strich auch gelegentlich einem von uns abwesend übers Haar. Oder auch nicht. Das hing – wie alles bei meinem Vater – von seiner Stimmung ab. Danach fuhren wir nach Hause.

Aus dem Inneren der braunen Arzttasche förderte mein Wiener Vater Woche für Woche Dinge zutage, die ich bis heute verlässlich mit Wien assoziiere: zum Beispiel das Magazin der „Frankfurter Allgemeinen Zeitung", um das mein Bruder und ich uns ganz prinzipiell – und schon bevor wir lesen konnten – balgten. Dass es zu dem bunten Heft auch eine Tageszeitung gab, war uns lange nicht bekannt. Oder einen von einem Gummiband zusammengehaltenen Bund blank geputzter Silberlöffel vom „Tandler“. Tandler hielt ich für einen Wiener Namen, denn in meiner Kärntner Kinderwelt spielten Antiquitäten- und Altwarenhändler keine Rolle. Meistens fand sich in der Tasche auch eine Tortenhälfte oder ein süßer Reisauflauf, eingewickelt in dicke Lagen Alufolie. Manchmal auch ein bedrohlich wabernder, zugeknoteter Plastikbeutel mit gekochtem Beuschel, einer legendären Wiener Spezialität aus Innereien, die keinen Raum für Zwischentöne lässt: Das Beuschel wird entweder glühend geliebt oder voller Inbrunst verweigert. Als Kind gehörte ich zu letzterer Gruppe. Lunge kam für mich als Nahrungsmittel nicht infrage.

Die kulinarischen Segnungen aus der väterlichen Tasche stammten von meiner Wiener Großmutter, die uns regelmäßig als begnadete Köchin angepriesen wurde. Sie blieb, abgesehen von ihren üppigen Mehlspeisen und oft besungenen Kochkünsten, eine weitgehend unbestimmbare Größe, die in erster Linie in den spöttischen Bemerkungen meines Vaters und in einer nasal gefärbten Telefonstimme existierte, die mir zu Weihnachten und zum Geburtstag ein schlechtes Gewissen machte. Solange ich mich erinnere, war sie krank. Sie besuchte uns nicht, wir besuchten sie kaum. Zu hohen Feiertagen entnahm mein Vater seiner hinfälligen Arzttasche weiße Kuverts, die meine Wiener Großmutter mit krakeliger, kantiger Altfrauenhandschrift in blauer Tinte versehen hatte. Auf den Kuverts stand „Julia, öS 1000", „Paul, öS 1000" oder „Andy, öS 1000". Das unerklärliche Ypsilon im Namen meines älteren Bruders reizte uns zum Lachen. Unter unseren Namen prangten dicke Wellenlinien in Rot, und irgendwo fand sich eine kurze Grußbotschaft, die mit „Deine Omama" endete. Die Dankesbriefe, die ich schreiben sollte, schob ich Woche für Woche hinaus, bis meine Mutter zu gefährlichen Drohungen griff und mir eine schriftliche Kurzmitteilung abrang: „Liebe Omama, mir geht es gut, wie geht es Dir? Danke für die 1000 Schilling, Bussi, Deine Enkelin Julia". Manchmal übertrieb ich es und verstieg mich zu Grußformeln wie „Deine dankbare Julia".

Man möge ihn am Wochenende mit solchen Fragen verschonen, sagte mein Wiener Vater gereizt, wenn ich, von anderen Kindern ausgeschickt, bei ihm vorstellig wurde, um herauszufinden, welcher Tätigkeit er in Wien nachging. „Womöglich ist er ein Spion", mutmaßte gelegentlich meine Großmutter mütterlicherseits, die meinen Vater ebenso wenig mochte wie er sie. „Wenn er ein Spion wäre, würde er sich unauffälliger verhalten", antwortete meine Mutter nachsichtig. Aber zumindest in mir war der Keim des Zweifels gelegt. Mein Vater, der Spion?

Das hatte Charme. Trug er nicht gelegentlich Burberry-Trenchcoats, brachte er nicht auch für uns aus Wien solche Trenchcoats mit? Oder kandierte Veilchenblüten aus dem eleganten Café des k.u.k.-Hofzuckerbäckers Demel am Wiener Kohlmarkt, das man sich gut als konspirativen Geheimdienstler-Treffpunkt nahe der Hofburg vorstellen konnte? Kannte man Wien aus Funk und Fernsehen etwa nicht als nebelverhangene Spionagehochburg? Die Indizienlage blieb vage, mein Vater auskunftsunwillig, die drängende Frage unbeantwortet. In großer Verlegenheit lief ich zurück zu den Kindern, deren Väter wochentags handfesten Berufen nachgingen, bei der Bundesbahn oder bei der Post arbeiteten, Baumeister waren oder Vermessungsingenieure. Das Bundeskanzleramt und seine altwienerische Beamtenschaft Herzmanovsky-Orlando'scher Prägung, der mein Vater angehörte, war nichts, worunter sich Kärntner Kinderrunden, die in schwankenden, morschen Baumhäusern am Ufer der Drau tagten, irgendetwas vorstellen konnten.

Wien schien jedenfalls ein deutlich anderes Pflaster zu sein als das mir vertraute. Offenbar konnten Wiener Kinder nicht Rad fahren und waren beim Zeichnen einer anderen Motivwahl verpflichtet. Das stellte mein Wiener Cousin Christoph anlässlich seiner Besuche eindrucksvoll unter Beweis. Er musste allein zurückgelassen werden, wenn wir mit unseren Fahrrädern den Dschungel aufsuchten, ein verwildertes Stück Feld mit Ringlottenbäumen, Gestrüpp und einer wüsten, hügeligen, staubigen Fahrradstrecke, auf der brutale Wett- und Sprungrennen stattfanden. Stattdessen saß Christoph, der blass, hellblond, langfingrig und bebrillt war, versunken und zufrieden in unserem Wohnzimmer und zeichnete: Raumschiffe, Außerirdische und interplanetarische Schlachten. Weltferne Stubenhockermotive. Wir waren zwar um nichts wirklichkeitsnäher, aber eindeutig erdiger: Mein Bruder zeichnete Seeräuberschiffe und Elefanten, ich zeichnete Vögel und tanzende afrikanische Kinder in Baströcken.

Mit vier Jahren war ich in Klausi verliebt, der in der Nachbarschaft wohnte und ebenfalls vier war. Aber bereits mit sechs traf mein Begehren sein erstes Wiener Zielobjekt: einen Sängerknaben. Die Leidenschaft war kurz und einseitig. Der Besuch des Sängerknaben, dessen Namen ich vermutlich vor lauter Bewunderung vergessen habe, war mir von Tante Inge in Aussicht gestellt worden, die zehn Jahre lang unsere Kinderfrau war. Tante Inge war klein, rund und grau gelockt, eine ehrfurchtgebietende Kriegswitwe, die täglich um sieben Uhr morgens mit einem gepflegten Damenfahrrad bei uns eintraf. Von der Radnabe des Hinterrads liefen

Gummischnüre sternförmig zum Kotflügel, wo sie mit Haken in ausgestanzten Löchern befestigt waren und verhinderten, dass Tante Inges Mantel sich in den Speichen verfing. Ich liebte sie glühend, obwohl sie uns bei Einbruch der Dämmerung ins Haus rief und niemals Ausnahmen von den von ihr aufgestellten Kasernenregeln zuließ.

Tante Inge hatte einen Sohn, Willi, der während seiner Studentenzeit in Wien als Erzieher im Internat der Sängerknaben arbeitete. Willi begleitete die Sängerknaben auch auf ihre Konzerttourneen in alle Welt, was Tante Inges großem Haus in der Nähe des Hauptbahnhofs kosmopolitisches Flair verlieh. In ihrem Wohnzimmer stand eine Vitrine, die mit winzigen spanischen Flamenco-Tänzerinnen aus Plastik, seidigen, von grinsenden Stoffchinesen umklammerten Nadelkissen, Miniaturversionen des Wiener Stephansdoms und australischen Minikoalabären vollgestopft war. Die Vitrine war heilig, die Sängerknaben auch. Und einer dieser heiligen Knaben besuchte eines Tages Tante Inges dusteres Wohnzimmer. Er war zehn und stand groß, vornehm, schweigsam und in sein dunkelblaues Sängerknaben-Sakko gehüllt in einer Ecke. Ich verging beinahe vor Glück, in seiner Nähe sein zu dürfen. Ich erinnere mich nicht, dass er das Wort an mich gerichtet hätte. Als meine Mutter mich abholte, verlor ich die Contenance und musste brüllend aus dem Haus getragen werden. Ich ertrug es nicht, so früh von meinem Geliebten getrennt zu werden.

Meine zweite Liebe galt dem Wiener Schlagersänger Peter Alexander, eine Verbindung, die von Tante Inge aufs Ausdrücklichste gebilligt wurde. Wochentags zwischen fünf und sechs Uhr am Nachmittag hörten Tante Inge und ich die Radiosendung „Evergreen". Peter Alexander sang „Das kleine Beisl" und „In einer kleinen Konditorei" und „Mei Muatterl woa a Weanerin". Ich hatte schließlich familiären Bezug zu diesen Zeilen, wusste um meinen Wiener Vater und meine Wiener Großmutter, auch „Beisl" für Wirtshaus war mir ein Begriff: Im Wortschatz meines Vaters war gelegentlich von „stickigen Beisln" die Rede, in die seiner Meinung nach nur „Grenzdebile" oder „Analviolinen" gingen. Ich sang also mit und schaffte es mit Peter-Alexander-Schlagern zu einigen glänzenden Soloauftritten im Verwandtenkreis, für die ich viel Lob erntete. Über die Jahre brachte ich mich durch Hartnäckigkeit in den Besitz einer umfangreichen Peter-Alexander-Plattensammlung. Vorm Einschlafen küsste ich sanft das überschminkte, süßlich lächelnde Konterfei meines hamsterbackigen Helden, der Ende der Siebzigerjahre schon ein wenig zum Pensionistenidol verkommen war und nachmittags in der Fernsehsendung „Seniorenclub" musikalische Slapstick-Auftritte absolvierte. Mein Vater fand ihn – im besten Fall – „überwuzelt" (ein wenig schmeichelhafter Wiener Ausdruck für „nicht mehr ganz taufrisch"), ich fand ihn hinreißend. Im Frühling hörte ich Peter Alexanders Version von „Wenn der weiße Flieder wieder blüht" oder sein „Im Prater blüh'n wieder die Bäume", im Herbst hörte ich „Irgendwann verblüh'n die Rosen" und dazwischen das ungeheuer rhythmische „Komm', wir machen uns einen schönen Abend".

Eines Tages erzählte mir Tante Inge, die von einem Besuch bei ihrem Sohn in Wien zurückgekehrt war, eine schier unglaubliche Geschichte: Sie habe mit Willi und einigen Sängerknaben einen Spaziergang im Prater unternommen und mitten auf der Prater-Hauptallee seien ihnen Peter Alexander und seine Frau mit zwei Kindern, die Tante Inge mit Kennerblick als Enkelkinder identifiziert hatte, entgegengekommen. Mir stockte der Atem. In meinen Tagträumen wurde ich zu Peter Alexanders Enkelkind oder zumindest zu einem der Sängerknaben in dieser sagenhaften Begegnung. In den folgenden Wochen malte ich mir Hunderte Varianten eines möglichen Gesprächs zwischen mir und Peter Alexander auf der Prater-Hauptallee unter frühlingshaft blühenden Kastanienbäumen aus.

So lebte Wien in mir lange bevor ich es zum ersten Mal gesehen hatte. Dass ich inzwischen selbst schon über 25 Jahre in Wien lebe, kommt mir angesichts des Fantasie-Wiens meiner Kindheit bisweilen unwirklich vor. Wenn ich die Prater-Hauptallee entlanggehe, auf deren sechs Kilometern Länge Läufer und Radfahrer zwischen Praterstern und Lusthaus ihre Bahnen ziehen, denke ich jedes Mal verlässlich an Peter Alexander. Auch wenn ich ihm zu seinen Lebzeiten bedauerlicherweise nie begegnet bin: In mir lebt er auf jeden Fall weiter.

Nun aber zu den beiden Gerichten, die in diesem Kapitel erwähnt werden und die ich seit meiner Kindheit mit Wien verbinde: Omamas süßer Reisauflauf und Kalbsbeuschel, in diesem Fall nach einem Rezept des begnadet kochenden Jürgen Wolf vom „Gasthaus Wolf" im fünften Wiener Gemeindebezirk. Er ist ein rarer Könner in Sachen Innereien.

Omamas süßer Reisauflauf

Zutaten für 4 Personen:
120 g Rundkornreis
0,3 l Milch
60 g feiner Kristallzucker
20 g Staubzucker
4 Eidotter
4 Eiklar
2 KL Vanillezucker
1 KL Zimt
50 g Butter
2 EL Rosinen (ein paar Stunden in Rum getränkt)
eine Prise Salz
3 Äpfel (am besten sind säuerliche)
Semmelbrösel
abgeriebene Zitronenschale von einer Zitrone

Die Milch mit einer Prise Salz, dem Vanillezucker und dem Zimt aufkochen, den Reis hinzugeben und zugedeckt ca. 15 Minuten weich dünsten. Dann gut auskühlen lassen. Währenddessen die handwarme Butter mit den vier Dottern, dem Staubzucker und der Zitronenschale schaumig rühren. Die vier Eiklar mit dem Kristallzucker zu einem steifen Schnee schlagen. Die Äpfel schälen und grob raspeln. Nun die Rosinen und die geraspelten Äpfel dem Reis hinzufügen und diesen mit dem Butter-Dotter-Gemisch vermengen. Dann vorsichtig den Eischnee unter die Masse heben.

Eine passende Auflaufform ausbuttern und mit Brösel bestreuen, die Masse einfüllen und im auf 180 Grad vorgeheizten Backrohr backen, bis die Oberfläche schön braun ist. Das dauert ca. 35 bis 40 Minuten. Aus dem Rohr nehmen, mit Staubzucker bestreuen und mit Fruchtkompott (z. B. Apfel- oder Zwetschkenkompott) servieren.

Kalbsbeuschel nach Jürgen Wolf

Zutaten für 4 Portionen:
700 g Kalbslunge
300 g Kalbsherz

Für den Siedefond:
Wasser
1 Bund Wurzelgemüse
1 Lorbeerblatt
10 schwarze Pfefferkörner
1/8 l Riesling
1/16 l Weißweinessig

Für das „Beuschelkräutl“:
80 g Schweineschmalz
2 Zwiebeln, fein gewürfelt

3 Knoblauchzehen, gehackt
1 Sardellenfilet, gehackt
1 KL Sardellenpaste
2 KL eingelegte Kapern
150 g Essiggurkerl, gehackt (Marinade aufheben)
2 KL Estragonsenf
1 kleiner Bund glatte Petersilie, gehackt
geriebene Schale von einer halben Zitrone
1 TL getrockneter Majoran
etwas getrockneter Thymian

Zum Fertigstellen:
eine Einbrenn aus ca. 2 EL Schmalz, 2 EL glattem Mehl und etwas von dem entstandenen Fond
je 1 Karotte, 1 gelbe Rübe und ¼ Sellerieknolle in nicht zu feinen Streifen
1/16 l Riesling
2 EL Sauerrahm
1 EL Balsamicoessig
1 EL gehackte Petersilie
Salz und Pfeffer aus der Mühle

Die Lunge mehrmals mit einer Fleischgabel tief einstechen und mit dem Herz und den Fondzutaten in einem hohen Topf gut mit kaltem Wasser bedecken und sieden lassen, bis die Lunge weich ist – etwa 30 bis 40 Minuten. Die Lunge sollte komplett in den Fond gedrückt sein. Am einfachsten einen etwas kleineren Deckel verkehrt drauflegen und mit einem sauberen Stein o. Ä. beschweren.

Den entstehenden Schaum abschöpfen.

Die Lunge aus dem Fond heben und das Herz noch ca. zehn Minuten weitersieden lassen.

Am besten noch im heißen Zustand die Haut von der Lunge abziehen und möglichst viele der Röhren entfernen, ohne das Gewebe zu sehr zu zerpflücken. Die Lunge in einen Behälter geben, mit einem zweiten, nur um eine Spur kleineren Behälter beschweren und über Nacht in den Kühlschrank stellen. Das Herz von der Aorta, den Sehnen und dem Fett befreien.

Den entstandenen Fond abseihen.

Am nächsten Tag Lunge und Herz in nicht zu feine Streifen schneiden. Die Zwiebeln im Schmalz ohne Farbe anschwitzen, alle anderen Kräutlzutaten dazugeben und zehn Minuten durchrösten. Mit Wein ablöschen, mit dem Fond aufgießen, aufkochen lassen, das Wurzelgemüse dazugeben und bissfest kochen. Lunge und Herz dazugeben und gut durchkochen. Am Schluss mit der Einbrenn und dem Rahm binden und mit Gurkerlmarinade, Petersilie, Balsamico, Salz und Pfeffer abschmecken.

Am besten schmeckt das Beuschel, nachdem es zum zweiten Mal aufgewärmt wurde.

Die klassische Beilage dazu sind Semmelknödel.

Semmelknödel

Zutaten für 6 Stück:
¼ kg Semmelwürfel
100 g Butter
1 mittelgroße Zwiebel, fein gehackt
2 dl Milch
3 Eier
2 Eidotter
Salz
gehackte Petersilie
Muskatnuss, gemahlen

Die Butter in einer Pfanne zerlassen und die fein gehackte Zwiebel darin glasig dünsten. Etwas abkühlen lassen. Währenddessen die Milch mit den Eiern und den Dottern versprudeln und über die Semmelwürfel gießen. Das Zwiebel-Butter-Gemisch zugießen, mit Salz, etwas geriebener Muskatnuss und gehackter Petersilie würzen. Gut durchrühren und eine gute halbe Stunde ziehen lassen.

In einem großen Topf gesalzenes Wasser zum Kochen bringen. Mit bemehlten Handflächen aus der Masse Knödel formen und im schwach wallenden Wasser ca. 15 Minuten ziehen lassen.

Machen Sie sicherheitshalber einen kleinen Probeknödel. Sollte dieser im Wasser zerfallen, fügen Sie der Masse etwas griffiges Mehl bei.

Das kaisergelbe Wien

Vom ersten Bezirk rund um die Hofburg, wo in den Ministerien die letzten Herzmanovsky-Orlando'schen Beamten wirken, von gekochtem Rindfleisch und Grillparzers Direktionszimmer und warum ein Altwiener wie mein Vater stets zu Fuß geht und keinesfalls die U-Bahn nimmt.

Die Strecke der U-Bahn-Linie 2 folgt der westlichen Grenze der Innenstadt – vom Karlsplatz im Süden über das Museumsquartier, das Volkstheater, das Rathaus, die Universität und hinunter zum Donaukanal, der das Stadtzentrum im Nordosten begrenzt. Danach führt sie weiter zum Prater und schließlich hinaus nach Aspern in das riesige neue Wohnviertel Seestadt, das dort im Osten Wiens entsteht. In ebendieser U2 wurde ich vor Kurzem Zeugin eines amüsanten Geschehens: Der U-Bahn-Zug, in dem ich saß, hatte gerade in der Station Volkstheater gehalten und die Waggontüren hatten sich bereits wieder geschlossen, als draußen auf dem Bahnsteig ein Mann auf die langsam anfahrende U-Bahn-Garnitur zustürmte, gegen die Scheiben trommelte, an den Türgriffen rüttelte und begeistert grinsend Kusshände in Richtung Wageninneres warf. Nicht weit von mir entfernt, auf einem

Fensterplatz an der Bahnsteigseite, saß ein hübsches junges Mädchen. Die Botschaft des Mannes war unmissverständlich: Er wollte einsteigen und sich der Schönen zu Füßen werfen. Doch der Zug beschleunigte, das Mädchen lehnte sich erleichtert zurück, und in die eingetretene Stille erklang aus den Lautsprechern im Waggon plötzlich die schnarrende Stimme des U-Bahn-Zugführers: „Meine sehr geehrten Damen und Herren“, ertönte es mahnend, „ich mache Sie darauf aufmerksam, dass das Zu- und Aussteigen nach der Durchsage ‚Zug fährt ab!‘ verboten ist …“ Es folgte eine effektvolle Kunstpause. Dann hob der Zugführer erneut an und der Schalk saß ihm hörbar im Nacken: „… und zwar aus Sicherheitsgründen und nicht aus Jux und Tollerei!“

Oberirdisch im Volkstheater spielten sie an diesem Abend Johann Nestroys „Einen Jux will er sich machen“. Unterirdisch in der U-Bahn war es auch ein bisschen wie bei Nestroy, bei dem es einmal heißt: „Ich kann nix davor, wie mir Eine vors Gesicht kommt, gleich keimt Liebe.“

Bei ihm würde gar nichts keimen, wenn er U-Bahn führe, sagte mein Vater, als ich ihm diese Geschichte erzählte. Außerdem wählt er dieses Verkehrsmittel sowieso nicht und auch die viel gelobte Wiener Straßenbahn nur ausnahmsweise. Es fällt ihm im Traum nicht ein, mit anderen Individuen in engen Waggons auf Tuchfühlung zu gehen. Stattdessen geht er zu Fuß. Und zwar zügigen Schrittes. Er ist ein ambulanter Stadtmensch.

Stadt bedeutet für meinen Vater selbstverständlich Innenstadt, um genau zu sein, handelt es sich dabei um den zentralen ersten Bezirk rund um die Hofburg und um manche Bereiche der angrenzenden Bezirke Josefstadt und Alsergrund, also des „Achten" und „Neunten". Gemäß seiner Einschätzung handelt es sich hier um „gediegene Gegenden". Sich jenseits dieser Bereiche aufzuhalten, geschweige denn zu wohnen, ist für ihn äußerst fragwürdig – mit Ausnahme der schon an den Wienerwald reichenden Teile der „noblen" Randbezirke Döbling oder Währing. Im Zweifelsfall aber: Innenstadt. In Gehnähe zum Auktionshaus Dorotheum in der Dorotheergasse, in Gehnähe zur Albertina und den großen Museen am Ring, in Gehnähe zu den alteingesessenen Silber-, Uhren-, Geschirr- und Antiquitätengeschäften rund um den Graben und den Kohlmarkt und vor allem in Gehnähe zum Bundeskanzleramt am Ballhausplatz und zur Hofburg, in deren verschlungenen Trakten mein Vater viele Jahrzehnte seines Berufslebens verbracht hat. Bis er vor einigen Jahren in Pension ging – und zwar, wie ich vermute, völlig unbeeindruckt von den Segnungen einer modernisierten Verwaltung oder so neumodischen Erscheinungen wie der elektronischen Akte. Auch wenn ich sie erahne, ist mir seine Meinung dazu bis heute unbekannt. Das Väterchen ließ sich zu keinem Zeitpunkt in die Karten schauen. Auf meine Frage, ob ihn das Computerzeitalter vielleicht noch zu seiner aktiven Zeit im Amt überraschend eingeholt habe, meinte er vage: „Nur in den Anfängen, nur in den Anfängen." Mich erstaunte das. Man schrieb immerhin bereits die Jahrtausendwende. „Konntest du dich dagegen sträuben?", fragte ich raffiniert unverhohlen. „Keinesfalls, wo denkst du hin, ich bin in Pension gegangen", antwortete er mit der Andeutung eines Lächelns.

„Ich bin ein Eckstein des Staatsgefüges", pflegte er seinerzeit einen Satz aus Fritz von Herzmanovsky-Orlandos skurriler Beamtenschnurre „Der Gaulschreck im Rosennetz" zu zitieren, wenn man ihn nach Sinn und Wesen seiner Tätigkeit fragte. Berufliche Belange hielt er eher für ein ungeeignetes Konversationsthema. Ganz anders hielt er es mit der Literatur. Eben etwa mit Herzmanovsky-Orlandos „Gaulschreck" aus dem Jahr 1928. Schon als Kinder erfuhren wir aus dem Mund unseres Vaters vom k.u.k. Hofsekretär Jaromir Edler von Eynhuf – Herzmanovsky-Orlandos an Wunderlichkeit kaum zu überbietendem Helden –, der als gigantischer Schmetterling verkleidet einen Maskenball besucht, um dort in die Nähe einer von ihm verehrten, stadtbekannten Schauspielerinnenschönheit namens Höllteufel zu kommen. Das mit Bedacht gewählte und angefertigte Kostüm wird Eynhuf zum Verhängnis. Gedemütigt und zerzaust, doch noch stärker in unstillbarer Liebe zur Höllteufel entbrannt, verlässt er das Fest, nur um zum Zentrum eines noch unwürdigeren Schauspiels zu werden: Denn „ein kräftiger Weststurm erfasste den bejammernswerten Schmetterling und jagte und rollte den Stolpernden, Schwebenden, ob er wollte oder nicht, die Mariahilfer Straße hinunter".

An den unseligen beamteten Riesenfalter denke ich jedes Mal, wenn ich am Fuße der Mariahilfer Straße stehe, die sich seit Eynhufs Tagen zur wichtigsten Einkaufsstraße der inneren Stadt gemausert hat und, inzwischen größtenteils auch zur Fußgängerzone geworden, zum Flanieren einlädt. Die breite Straße bildet auch die südöstliche Begrenzung des Museumsquartiers. Mit seinen rund 60.000 Quadratmetern Fläche war das „MQ" zur Zeit seiner Fertigstellung 2001 das achtgrößte Kulturareal der Welt. Hier befinden sich das Museum für Moderne Kunst (MUMOK), das Leopold Museum, das Architekturzentrum oder das ZOOM Kindermuseum genauso wie eine ganze Reihe von Kunstinitiativen, Ateliers, Buchhandlungen, Cafés und Restaurants. In den Innenhöfen des Museumsquartiers, für das die Gebäude der alten k.u.k. Hofstallungen adaptiert und neue Museumsbauten errichtet wurden, herrscht sofort ein dichtes Menschengewusel, sobald im Frühling die ersten wärmeren Sonnentage anbrechen. Es ist ein junges, quirliges, bunt gemischtes und sehr urbanes Wien, das sich einem im MQ präsentiert.

Ganz anders verhält es sich auf dem kaum ein paar Hundert Meter entfernten Gelände der Hofburg und des Bundeskanzleramts am Ballhausplatz, wo mein Vater zeit seines Berufslebens – und abseits der omnipräsenten Touristenströme – sein Büro hatte. Er goutierte es nicht, wenn man ihn im Amt anrief. Wenn ich es, selten genug, doch einmal wagte, konnte es vorkommen, dass ich an eine Sekretärin kam, die mir mit Näselstimme beschied: „Der Herr Doktor? Ich hab den Herrn Doktor heut' schon g'seh'n. Na ja, der wird bei Tisch sein." Ich stellte ihn mir dann vor, wie er vor einem großen Teller mit zwei, drei Schnitten wunderbar mürbem Tafelspitz saß und sich genüsslich ein Stückchen abschnitt. Der Tafelspitz als Höhepunkt der klassischen Wiener Rindfleischküche gehört zu dieser Stadt wie die Kirschblüte zu Japan. In den Restaurants, Beisln und Kaffeehäusern der Innenstadt, in die Heerscharen von Ministerialbeamten mittags ausschwärmen, gehört er zum Standardrepertoire. Das Epizentrum der Tafelspitz-Kultur liegt seit Langem im Restaurant Plachutta in der

Wollzeile, schräg gegenüber vom Museum für Angewandte Kunst am Ring. Auch das mit Abstand berühmteste Kochbuch zur Wiener Küche stammt übrigens aus dem Hause Plachutta. Es gibt kaum einen Haushalt, in dem „der Plachutta" nicht im Kochbuchregal stünde. Im Restaurant Plachutta jedenfalls werden die gekochten Fleischscheiben in Rindsuppe eingelegt serviert und die Beilagen – die Schnittlauchsoße, die gerösteten Erdäpfel, der Apfelkren – kommen in eigenen Schüsselchen.

Die Vorstellung von meinem Vater beim Tafelspitz rührt womöglich daher, dass einige berühmte Szenen der österreichischen Literatur die Beamtenschaft beim Genuss von gekochtem Rindfleisch zeigen. Zudem hatte auch Kaiser Franz Joseph eine ausgewiesene Vorliebe für gekochtes Rindfleisch. Dadurch war es quasi nobilitiert und diente später – wie es in einem Beitrag der „Wiener Geschichtsblätter" zur Rindfleischküche heißt – den „in der Republik unbehausten Hofräten" als „eine Art klandestines Erkennungsmerkmal", bis es schließlich endgültig verbürgerlicht den Eingang in alle Gesellschaftsschichten gefunden hatte.

„Hell ist Wien geworden", sagt mein Vater. Früher sei alles grau und duster gewesen, und überall blätterten die Fassaden ab. Tatsächlich wirkt die Stadt ungeheuer herausgeputzt. Die barocke Pestsäule am Graben glänzt genauso frisch wie der

Stephansdom, der jahrelang eingerüstet gewesen ist. Mein Vater geht zügigen Schrittes vom Inneren Burghof kommend in Richtung Kohlmarkt und Graben und weiter zum Stephansplatz. Er kennt hier jeden Stein, jedes Geschäft, die kleinen Seitengassen, die Schleichwege, die Abkürzungen und die verborgenen, überdachten Passagendurchgänge. Keiner der als Mozart verkleideten, Perücke tragenden Konzertkartenverkäufer, die sich hier zwischen Touristengruppen tummeln, käme auf die Idee, ihn anzusprechen. Dort, wo sich heute im Eingang zum Sisi-Museum Touristen drängen, erzählt er, sei jahrzehntelang eine Tapisserierestaurierungswerkstatt untergebracht gewesen. Am Kohlmarkt, betont er, gebe es – abgesehen vom heillos überfüllten Café des ehemaligen Hofzuckerbäckers Demel – nur mehr wenige alteingesessene Geschäftsläden wie den renommierten Juwelier Rozet & Fischmeister, die Apotheke Zum goldenen Hirschen oder die Fachbuchhandlung Manz. Internationale Luxusmarken und Modeketten haben hier Einzug gehalten.

Die meisten von uns gehen ins Büro, höhere Wiener Beamte vom Schlag meines Vaters, die zweifellos einer fast schon ausgestorbenen Spezies angehören, gingen „ins Amt“. Dort, im Amt, arbeiteten die Hof- und Ministerialräte der „beamtenhierarchischen Nation" Österreich – wie Heimito von Doderer es nannte – nicht in Büros, sondern in „Zimmern". Der Sprachgebrauch darf einen nicht weiter wundern: Viele der Arbeitsräume in der Hofburg und in den nahe gelegenen Palais hatten ja tatsächlich als prunkvolle barocke Zimmer zur geneigten herrschaftlichen Benutzung gedient – etwa als Metternichs Schlafzimmer oder als Musikzimmer der Erzherzogin von Modena oder als Esszimmer des Prinzen Eugen.

Altwiener Beamte wie mein Vater schrieben häufig mit Pelikan- oder Montblanc-Füllfedern. Die briefliche Anrede „Sehr geehrter Herr Hofrat, lieber Fritz!" kam ihnen völlig normal vor. Sie kannten sich mit den verschlungenen sprachlichen Wendungen des Amtsösterreichischen genauso aus wie mit den kultivierten Dingen des Lebens: mit Porzellan von Meissen, Augarten oder Herend, mit den Punzierungen von englischen Silberteekannen, mit iranischen Flachweben, mit Biedermeiermalerei, Barockmöbeln und Kammermusik. Sie besaßen umfassende, stets abrufbare historische Kenntnisse. In meines Vaters unmittelbarer kollegialer Umgebung gab es aber auch einen großen Kenner der Hechtfischerei und einen ausgewiesenen Jazz-Experten.

Witz war erwünscht, Exzentrik jederzeit toleriert, solange sie mit gutem Benehmen und eleganten Umgangsformen einherging. Idealerweise kam man aus „alter Familie“ oder zumindest aus „guter“. Gleichzeitig legte man äußerlich selbstverständlich nicht den geringsten Wert auf Herkunftsfragen. Das Credo hieß Understatement. Zur Schau getragene Wichtigtuerei galt ihnen als vulgär. Nasal und leise raunten sie einander dann diskrete Bosheiten zu – ihr Wienerisch eine singend-klingende Melange aus gedehnten Vokalen, rollenden Rs und stimmhaften S: „Schau, schau dir die an! Die hat ganz klein ang'fangen, und wie sie jetzt bedeutend schaut …“

Sie waren Historiker wie mein Vater, Juristen oder Absolventen der Wirtschaftsuniversität, die in ihren Studententagen noch Hochschule für Welthandel geheißen hatte. In ihrer Weltsicht schien sich ein abgeschlossenes Studium zudem auf geheimnisvolle Weise auf die moralische Integrität und sittliche Reife seines Inhabers auszuwirken und etwas über dessen Kultiviertheit auszusagen.

Allerdings ist es nicht zulässig zu vermuten, ein akademischer Grad allein reiche schon aus, vor den Augen dieser Welt zu bestehen. An dieser Stelle kehren wir noch einmal zurück zu den öffentlichen Verkehrsmitteln Wiens. Ein uneinsichtiges Schicksal hatte es vor einiger Zeit so gefügt, dass mein Vater doch einmal die Straßenbahn nehmen musste. Ich glaube, er fuhr gemächlich zu seinem zweiwöchentlichen, diesmal allerdings ausnahmsweise bei einem verschwiegenen Grinzinger Heurigen stattfindenden Tarock-Abend. Tarock: auch dieses Kartenspiel ein klassisches Erkennungsmerkmal des höheren Wiener Beamtentums klassischer Prägung. Ihm gegenüber in der Straßenbahnlinie 38 saß, so mein Vater, „ein Burscherl“, das lautstark und beharrlich in sein Mobiltelefon plärrte. Fünf Minuten ließ sich mein Väterchen die akustische Belästigung gefallen, vielleicht auch zehn, vielleicht auch fünfzehn. Dann riss ihm der Geduldsfaden. Höflich, aber schneidend kalt teilte er dem „Burscherl“ mit, so fesselnd seine privaten Ausführungen auch sein mögen, würde er ihn doch ersuchen, die Güte zu haben, seine Stimme etwas zu dämpfen. Das „Burscherl“ konnte die Zurechtweisung nicht fassen, plusterte sich auf wie ein balzender Auerhahn und keifte: „Von Ihnen brauch’ ich mir gar nix vorschreiben lassen. Ich bin Akademiker.“

„Wertester“, entgegnete mein Vater kühl, „wie man sieht, ist das kein Garant für gute Manieren.“

„Und eine Rechtsschutzversicherung habe ich auch“, erhöhte das erzürnte „Burscherl“ seinen Einsatz.

„Auch die ist kein Schutz gegen schlechtes Benehmen.“

Mein Vater machte eine wegwerfende Handbewegung, als er mir die Geschichte erzählte: „Mit solchen – fast hätte ich gesagt – Troglodyten muss man sich in öffentlichen Verkehrsmitteln herumschlagen."

Eines Tages ereilte mich ein Anruf meines wohlgelaunt klingenden Vaters. Er hatte mir Visitenkarten anfertigen lassen und stellte mir nun auch passende Kuverts dazu in Aussicht. „Ich glaube, ich brauche keine Kuverts", sagte ich vorsichtig. „Na ja", sagte mein Vater gütig, „aber wenn du irgendwo ein Präsent zu übergeben hättest ..." Wir feilschten ein Weilchen, dann verkündete er beschwingt: „Ich rufe dich gleich noch einmal zurück, weil das natürlich schon ein Thema ist, das sehr aufwühlt." Fünf Minuten später hatte ich ihn wieder am Apparat: „Also", begann mein Vater im getragenen Ton der Anerkennung, „als der alte Ministerialrat B., der Chef des Hofmobiliendepots, in Pension gegangen ist, wollte er sich auch von mir verabschieden und hat mich in meinem Zimmer aufgesucht. Weil ich gerade nicht zugegen war, hat er mir auf meinem Schreibtisch eine Visitkarte im Kuvert hinterlassen. Auf die Karte, der er ein Ohr abgebogen hatte, hatte er ‚p.r.v.' geschrieben – ‚pour rendre visite', um Besuch abzustatten." Am anderen Ende der Leitung hörte ich ein Blättern. Jetzt las mein Vater vor, und zwar aus „Der gute Ton von heute" von Walther von Kamptz-Borken, Wien 1954: „Alle diese Sitten haben sich überlebt." Er ist jetzt hörbar animiert. „Dieses Buch ist ein Juwel, ein einziger Traum. Auch das seelische Befinden kommt vor und das gesamte Mobiliar und die geistige Nahrung. Auch die Atomkraft, ein kleines Fremdsprachenverzeichnis. Es ist phänomenal. Was trägt der Herr? Was trägt die Dame? Vom Schenken, vom Rauchen, Tagebuch eines vom guten Ton Unerreichten, und jetzt ganz wesentlich: Vom Essen und Trinken. Es bleibt nichts unerwähnt … Das Grüßen allein ist eine Wissenschaft." Mein Vater ist hingerissen. „Dann die Geschichte mit dem Handkuss. Da ist der äthiopische Kaiser-Neffe Aserate schwach im Vergleich! Auch die Verbeugung ist natürlich etwas ganz Tolles." Er liest Passagen aus dem Kapitel vor. „*Am Gehsteig* – is' nicht leicht", kommentiert er. Inzwischen kann er vor Heiterkeit kaum mehr weiterlesen. „Es ist zum Wiehern." Schließlich, wieder zu mir: „Borg es dir aus und du wirst endlich einmal ein bisschen Lebensart einsaugen. Ich habe hiermit also einen Vortrag zu halten versucht, der natürlich ins Leere geht", scherzte mein Vater noch und legte auf.

Wäre ich in Wien aufgewachsen, hätte mich mein Vater womöglich im Dienste der Etikette in die traditionsreiche Tanzschule Elmayer in der Bräunerstraße geschickt. Sie ist eine Wiener Institution und gilt in bürgerlich-adeligen Kreisen nach wie vor als Gralshüterin all jener Tugenden, die für einen formvollendeten gesellschaftlichen Umgang nötig sind. Seit ewigen Zeiten zieht die Tanzschule Elmayer die zuckerlsüß verpackten Debütantinnen und ernst blickenden Debütanten für die Polonaisen heran, mit denen die großen Wiener Bälle eröffnet werden. Wäre nichts für mich gewesen, dachte ich einige Tage später, als ich nahe der Tanzschule vorbeiging – die Rückseite der Oper bereits im Blick.

Ich war vom Michaelerplatz kommend in Richtung Albertina unterwegs und schlenderte durch die Passage vor dem Josefsplatz. Hier kann man seit einigen Jahren durch in die Mauer eingesetzte Sichtfenster in den Hof schauen, an dessen Seiten die Lipizzaner der „Spanischen Hofreitschule" aus ihren Boxen herausschauen: kauende Pferdeköpfe hinter Glas. Ein erstaunlicher Anblick mitten in der Innenstadt. Ich nahm mir vor, irgendwann einmal, nur um des Spaßes willen, eine der Lipizzaner-Kunstdressuren anzusehen. Mein Vater hatte mir kürzlich vom „Retter der Spanischen Hofreitschule" erzählt. Während des Zweiten Weltkriegs hatte dieser – ein bosnischer Offizier namens Alois Podhajsky – „die Pferderln rechtzeitig, bevor es gekracht hat, in Richtung Westen evakuiert". Später wurde er zum Leiter der Hofreitschule und wohnte in einer großen Wohnung in einem der oberen Stockwerke der Hofburg. „In einer quasi ärarischen Wohnung", erklärte mir mein Vater.

„Ärarisch?", fragte ich und lernte ein neues Wort für „zum Staatsvermögen gehörend".

Dem Ärar begegnete ich an diesem Tag gleich noch ein zweites Mal, denn mein Weg führte mich weiter in eine der Seitengassen der Kärntner Straße. In der Johannesgasse 6 war ich mit Herbert Hutterer, einem Historiker des Staatsarchivs verabredet. Ich hatte ihn gebeten, mir das Direktionszimmer von Franz Grillparzer im alten Hofkammerarchiv zu zeigen. Das Hofkammerarchiv ist mittlerweile woanders unterbracht, während in die Räume der Johannesgasse 6 das famose neue Literaturmuseum eingezogen ist. Das Haus entstand in der Mitte des 19. Jahrhunderts als einer der ersten Archiv-Zweckbauten Mitteleuropas. Es sollte robust sein, um dem Gewicht riesiger Aktenberge standzuhalten. Deshalb sind seine Mauern einen Meter dick. Seine Bauweise wirkt fast mittelalterlich. Die Hofkammer war die zentrale Finanzverwaltung der Monarchie. Das dazugehörige Archiv leitete von 1832 bis zu seiner Pensionierung 1856 der Dichter Franz Grillparzer.

Bei meinem Besuch führte mich Herbert Hutterer in den zweiten Stock des Gebäudes, das damals schon seit einiger Zeit fast leer stand. Zu sehen gab es nur mehr die Biedermeiereinrichtung im zweiten Stock: Dicke Säulen stützen dort eine Kreuzgewölbedecke. Hohe, mit Aktenbündeln aus der Zeit zwischen 1700 und 1820 gefüllte Holzregale unterteilten den Raum in längliche Kammern. Es war ein Ausflug in die Vergangenheit, in den Alltag des Habsburgischen Beamtentums, dem Grillparzer – als dichtender Beamter und beamteter Dichter – angehört hatte.

Herbert Hutterer zeigte mir auch einige handgeschriebene Akten aus Grillparzers Zeit, gerichtet an so pittoresk benannte Institutionen wie die „Hochlöbl.k.k.vereinigte Einlösungs u. Tilgungsdeputation". Und er klärte mich über ein seltsames Phänomen auf. Mir waren in den Akten auf der jeweils letzten Seite mit schwungvollem Federstrich geführte, gewellte Vertikallinien aufgefallen. Ich hielt sie für Unterschriftverzierungen. „Was sind das für kühn geschwungene Linien?", fragte ich zur Sicherheit. „Man beendete den Aktentext mit Demutsstrich", antwortete Herr Hutterer. „Womit?" Ich verstand nicht sofort. Herr Hutterer erklärte es genauer: „Je höher der Rang dessen, an den man schrieb, desto länger der Demutsstrich und desto größer der Abstand zwischen dem Textende und der Unterschrift." Ich dachte an einen Satz des wunderbaren österreichischen Publizisten und Essayisten Franz Schuh: „Der Begriff der individuellen Freiheit ist etwas, das nun wahrlich nicht in Österreich auf die Welt kam."

Dafür gab es eine äußerst effiziente Verwaltung.

Unter Kaiserin Maria Theresia war das feudalistische System der Habsburgermonarchie in einem gewaltigen Kraftakt in eine Beamtenadministration umgewandelt worden. Auch die Frage, wie Akten auszusehen hatten, welche Wege sie nahmen, welche Aktenzahlen und Nummerierungen sie trugen, waren systematische Neuerungen, die damals eingeführt wurden. Das System hatte sich bewährt. „Solange in der österreichischen Verwaltung mit Papier gearbeitet wurde", erklärte mir Herr Hutterer, „war das fast noch mariatheresianisch." Da die Umstellung auf elektronische Akten eine Erscheinung ist, die erst in den letzten Jahren abgeschlossen wurde, könnte man sagen, dass in Österreichs Amtsstuben noch bis ins 21. Jahrhundert hinein gelegentlich so gearbeitet wurde wie vor über 200 Jahren.

Auch Grillparzers täglich Brot waren Aktenbündel. Mit Demutsgesten hatte er es allerdings weniger. Seinen Vorgesetzten gegenüber trat er sehr selbstbewusst auf und fand, sein Gehalt als Beamter sei eine Art Anerkennung für seine Leistungen als Schriftsteller. Er wollte möglichst in Ruhe schreiben. Über dem Eingang zu seinem mit schönen, hellen Biedermeiermöbeln ausgestatteten Arbeitszimmer, das heute Teil des Literaturmuseums geworden ist, hingen ein paar gerahmte Zeilen aus seinen Tagebüchern: „Hier sitz ich unter Faszikeln dicht,/ Ihr glaubt verdrossen und einsam,/ Und doch, vielleicht, das glaubt ihr nicht,/ Mit den ewigen Göttern gemeinsam.“ Für ihn ließen sich Beamtenpflicht und Musenkuss vereinbaren. Rechtzeitig zur Pensionierung bekam er auch noch den Hofratstitel verliehen – und er bekam ihn gebührenfrei, eine Ehre, die nur bei besonderen Verdiensten gewährt wurde.

Im ersten Raum des Hofkammerarchivs zeigte mir Herbert Hutterer bei meinem damaligen Besuch auch ein großes, querformatiges Grillparzer-Porträt, das an einem der Aktenregale hing. Es entstand nach einem bekannten Foto des alten Dichters. Es zeigt ihn im Halbprofil, den linken Arm vorgestreckt auf einen Tisch gestützt, den rechten in den Ausschnitt seines Anzugs geschoben. Das Gemälde, das sich heute im Speicher des Staatsarchivs in der Nottendorfergasse im dritten Bezirk befindet, ist eine seltsame, faszinierende Darstellung von Grillparzer als Greis: altmeisterlich in Pinselführung und Lichtstimmung, fotorealistisch in der Wirkung, surreal in der Farbigkeit. Sein Grundton ist grün, auch Grillparzers Gesichtsfarbe ist grün.

Dieses Porträt entstand im Jahr 1957 und hat eine eigentümliche Geschichte, die in ihrer Verworrenheit der verschlungenen Pfade kakanischer Verwaltung würdig ist. Es stammt von Rudolf Hausner, einem der Hauptvertreter der berühmten Wiener

Schule des Phantastischen Realismus. Hausner war quasi per Gerichtsurteil dazu verpflichtet worden, es zu malen. Genauer gesagt, er tilgte damit Teile einer Schadensersatzforderung, die der Staat an ihn hatte. Dahinter stand die berühmte „Affäre Grill“, einer der größten Beamtenskandale des 20. Jahrhunderts. In dem Prozess Anfang der 1950er-Jahre stand der Wiener Staatsarchivar, Historiker und Karl-May-Experte Heinz Grill vor Gericht. Er war angeklagt, über mehrere Jahre goldene und silberne Siegelkapseln von wertvollen alten Urkunden aus dem Wiener Haus-, Hof- und Staatsarchiv gestohlen und zum Edelmetallpreis verkauft zu haben. Es ging um mehrere Hundert Stück entwendeter Siegelkapseln, -deckel und -bullen. Dazu kam, dass Grill außerdem eine ganze Reihe von Urkundensiegeln und -schnüren beschädigt oder ganz zerstört hatte und sogar einige historisch ganz besonders bedeutsame Urkunden. Rudolf Hausner, ein Freund Grills aus gemeinsamen Wehrdiensttagen und damals – arm wie eine Kirchenmaus – gerade im Begriff, sich als Maler einen Namen zu machen, hatte Grill eine Zeit lang beim Einschmelzen und Verhehlen der entwendeten Silber- und Goldstücke geholfen. Der Prozess erregte erhebliches Aufsehen. Heinz Grill, der zwar geständig, aber nicht unbedingt einsichtig war, wurde zu sieben Jahren, Hausner zu zwei Jahren Kerker verurteilt. Allerdings wurde der Maler nach einem Dreivierteljahr begnadigt und aus der Haft entlassen. In den folgenden Jahren gelang ihm endgültig der künstlerische Durchbruch. Die Schadensersatzforderungen der Republik stotterte er ab – unter anderem mit seinem Porträt von Franz Grillparzer. Der große Beamtenskandal war zu einem kultivierten Ende gekommen.

Zum kaisergelben Wien passt hervorragend das, was als Königsdisziplin der Wiener Küche gilt, nämlich das allseits bekannte und geschätzte Wiener Schnitzel, das zugleich auch sicher das berühmteste aller Wiener Gerichte ist. Außerdem dürfen natürlich der bereits mehrmals erwähnte Tafelspitz sowie die fürstlichste aller Nachspeisen, der Kaiserschmarren, nicht fehlen.

Wiener Schnitzel mit Erdäpfelsalat

Zutaten für 4 Personen:

Für die Schnitzel:

4 Kalbsschnitzel (vom Fricandeau, von der Nuss oder von der Schale)

2 Eier

70 g glattes Mehl

100 g Semmelbrösel

Salz

Butterschmalz (oder Öl) zum Herausbacken

Für den Erdäpfelsalat:

¾ kg speckige Erdäpfel (am besten sind Erdäpfel der Sorte „Kipfler")

1 Zwiebel, fein gehackt

¼ l Rindsuppe

8 EL Pflanzenöl

4 EL Apfelessig

Salz, Pfeffer

Die Kalbsschnitzel mit einer Klarsichtfolie bedecken und vorsichtig auf ca. fünf mm Dicke klopfen (nicht zu heftig, damit die Fleischfaser dabei nicht zu stark verletzt wird).

Das Mehl in einen tiefen Teller geben, die Semmelbrösel in einen zweiten und die verquirlten Eier in einen dritten. Das Fleisch auf beiden Seiten salzen. Danach jedes Schnitzel zuerst beidseitig in Mehl wenden, dann durchs Ei ziehen und abschließend in den Semmelbröseln wenden. Die Semmelbrösel dabei nicht zu fest andrücken.

In einer großen Pfanne Butterschmalz erhitzen. Das flüssige Schmalz sollte den Pfannenboden ca. drei cm hoch bedecken. Die Schnitzel in das heiße Fett einlegen und unter vorsichtigem Schwenken der Pfanne backen. Nach ca. zwei Minuten die Schnitzel mit einer Gabel wenden und fertig backen.

Nach dem Herausheben die Schnitzel am besten auf Küchenpapier abtropfen lassen.

Zwei klassische Beilagen zum Wiener Schnitzel sind Erdäpfelsalat oder Petersilerdäpfel. Meistens wird das Wiener Schnitzel mit einer Zitronenspalte oder -scheibe garniert.

Für den Erdäpfelsalat speckige Erdäpfel in der Schale kochen, schälen und dünnblättrig in Scheiben schneiden. Die noch warmen Erdäpfelscheiben mit lauwarmer Suppe übergießen. Anschließend Öl, Essig und die fein gehackte Zwiebel untermengen und mit Salz und Pfeffer abschmecken. Während des Auskühlens ab und zu umrühren und einige Zeit durchziehen lassen. So schmeckt der Erdäpfelsalat am besten. In Wien kommt in die Marinade oft auch noch etwas Zucker. Wer mag, kann den Erdäpfelsalat zum Servieren mit etwas Petersilie bestreuen.

Tafelspitz mit Schnittlauchsoße, Rahmspinat und Erdäpfelschmarren

Zutaten für 4 Personen:
1 kg Tafelspitz (oder ein anderes zum Kochen geeignetes Stück vom Rind)
4 Markknochen, kalt abgewaschen
1 Zwiebel
3 Karotten
1 gelbe Rübe
1 Petersilwurzel
½ Stange Lauch
¼ Knolle Sellerie
5 Lorbeerblätter
10 Wacholderbeeren
15 Pfefferkörner

Die ungeschälte Zwiebel halbieren und die Hälften in einer Pfanne mit wenig Öl dunkel rösten. Die Markknochen unter kaltem Wasser gut abspülen. In einem großen Topf zwei bis drei Liter kaltes Wasser zum Kochen bringen. Danach Fleisch, Markknochen, Zwiebelhälften, das übrige Gemüse und die Gewürze ins Wasser geben und ca. zwei Stunden leicht köcheln lassen. Den an der Oberfläche entstehenden Schaum regelmäßig abschöpfen.

Das fertig gekochte Fleisch aus dem Topf nehmen. Die entstandene Rindsuppe mit Salz und eventuell Suppenwürfel abschmecken. Die Suppe durch ein Sieb gießen. Das weich gekochte Gemüse – vor allem Karotten, Sellerie, Petersilwurzel und gelbe Rübe – kann man aufheben und später nach Geschmack als Suppeneinlage oder zum Garnieren verwenden. Die Rindsuppe beiseitestellen.

Für den Erdäpfelschmarren:
ca. 750 g gekochte speckige Erdäpfel
1 große gehackte Zwiebel
Öl oder Butterschmalz
Kümmel
Majoran
Salz, Pfeffer

Die gehackte Zwiebel im heißen Fett glasig werden lassen. Die geschälten, blättrig geschnittenen Erdäpfel dazugeben, unter mehrmaligem Durchrühren rösten lassen und mit Kümmel, Majoran, Salz und Pfeffer abschmecken.

Für den Rahmspinat:
ca. 750 g Blattspinat
200 ml Schlagobers
1/8 l Rindsuppe
1 kleine Zwiebel, fein gehackt
Butter
Salz, Pfeffer, Muskatnuss

Die Zwiebelwürfel in Butter anschwitzen, mit dem Obers und der Rindsuppe aufgießen und etwas einkochen lassen. Die Konsistenz sollte leicht sämig sein. Den Blattspinat einrühren und so lange köcheln, bis er zusammenfällt. Salzen, pfeffern und mit etwas geriebener Muskatnuss würzen.

Für die Schnittlauchsoße:
3 hart gekochte Eidotter
2 rohe Eidotter
100 g entrindetes Weißbrot
Milch zum Einweichen
¼ l Pflanzenöl
1 Bund Schnittlauch
Estragonsenf
Essig
Salz, Pfeffer, Zucker

Das in Milch eingeweichte Weißbrot gut ausdrücken und mit den hart gekochten Eidottern durch ein Sieb passieren. Danach die rohen Eidotter und die übrigen Gewürze mit Ausnahme des Schnittlauchs dazugeben. Mit dem Mixer unter langsamer, tropfenweiser Beimischung des Öls zu einer sämigen Konsistenz verarbeiten. Der fein gehackte Schnittlauch wird erst in die fertige Soße eingerührt.

Der gekochte Tafelspitz wird in fingerdicke Scheiben geschnitten und in der heißen Rindsuppe erwärmt. Anrichten und mit den Beilagen servieren.

Weitere traditionelle Beilagen zum Wiener Tafelspitz sind auch Dillfisolen, Rahmkohl, Apfelkren oder Semmelkren.

Die Rindsuppe selbst kann später auch als eigenständiges Suppengericht mit verschiedenen Einlagen wie z. B. Frittaten, Leberknödel oder Grießnockerl serviert werden.

Kaiserschmarren

Zutaten für 4 Personen:
6 Eier
100 g glattes Mehl
¼ l Milch
4 EL Kristallzucker
2 EL Rosinen
2 EL Rum
1 KL Vanillezucker
Butter
eine Prise Salz

Die Rosinen in Rum einlegt ein paar Stunden ziehen lassen. Die Eidotter vom Eiklar trennen. Die Dotter mit Mehl, Milch und Vanillezucker verrühren. Das Eiklar mit dem Kristallzucker und einer Prise Salz zu einem festen Schnee schlagen und durch vorsichtiges Unterheben mit dem Teig vermengen. Das Backrohr auf ca. 200 Grad vorheizen. Währenddessen Butter in einer (beschichteten) Pfanne erhitzen, die Masse hineingießen und mit den Rumrosinen bestreuen. Sobald der Teig angebacken ist, ins vorgeheizte Backrohr stellen und den Schmarren fertigbacken. Das dauert ca. 10 Minuten. Fertig ist der Schmarren, wenn er oben schön braun ist. Herausnehmen, mit zwei Gabeln in kleine Stücke reißen und mit etwas Staubzucker bestreuen.

Dazu passt am besten Zwetschkenröster oder Zwetschkenkompott.

Das kaffeebraune Wien

Vom Kaffeetrinken und von muffigen Kellnern, von Lieblingskaffeehäusern, dem schlechten Einfluss, den der italienische Cappuccino auf den Kleinen Braunen hat, und warum man nie falsch liegt, wenn man in Wien einem Aida-Schild folgt.

„Also", sagt Adi bestimmt, „der Unterschied zwischen einem Wiener Kaffeehaus und einer Wiener Konditorei ist, dass in der Konditorei die alten Frauen zum Kaffeetrinken ihre Pelzhauben nicht abnehmen."

„Das kannst du im Kaffeehaus auch haben …", werfe ich ein.

„Aber seltener. Dafür gibt es in der Konditorei die ganze Palette der Mehlspeisen. Im Kaffeehaus hingegen nur einige wenige Mehlspeisklassiker wie Apfel- oder Topfenstrudel und ein, zwei Torten. Allerdings gibt es dazu auch warme Küche."

„Geh bitte, normalerweise gibt's im Kaffeehaus außer Mehlspeisen gerade einmal Frankfurter Würstel, Schinken-Käse-Toast und eineinhalb verschiedene belegte Brote."

„Unsinn", sagt Adi, „die meisten Kaffeehäuser haben warme Küche und mindestens ein Mittagsmenü."

„Im Bräunerhof oder im Korb zum Beispiel“, sekundiert ihm Freund Mike, „genauso im Sperl, im Tirolerhof, im Prückel, im Central oder im Schwarzenberg. Aber der eigentliche Unterschied zwischen Konditorei und Kaffeehaus ist ein anderer …“

„Und zwar?“, frage ich.

„Die Verweildauer!“, sagt Mike siegesgewiss.

„Aha, die Verweildauer also! Sehr schönes Wort“, spotte ich.

„Völlig richtig, die Verweildauer“, bestätigt Adi, „die Verweildauer ist im Kaffeehaus länger, und zwar deswegen, weil man ins Kaffeehaus nicht etwa nur zum Kaffeetrinken, sondern zum Zeitunglesen geht.“

„In der Konditorei gibt es meistens nicht einmal Zeitungen.“

„Höchstens irgendwelche Gratis-Revolverblätter, die jemand dort vergessen hat. Aber im Kaffeehaus liegt alles auf.“

„Im Idealfall hübsch eingespannt in einen Zeitungshalter. Im Bräunerhof zum Beispiel. Oder im Prückel.“

„Im Korb auch.“

„Ist ja schon gut!“

Der Narzissmus der kleinen Differenz führt dazu, dass der Unterschied zwischen Kaffeehaus und

Konditorei zwar schwierig zu bestimmen, letztlich aber doch für jeden Wiener klar spürbar ist. Schwieriger schon ist zu erklären, warum es gerade das Wiener Kaffeehaus zu solcher Berühmtheit gebracht hat. Genauso großen Anspruch darauf hätte gewiss das Budapester oder das Prager Kaffeehaus. Die Kaffeehausliteraten waren dort ebenso zahl- wie geistreich. Nun, vielleicht liegt es daran, dass man es aus Zeiten der k.u.k. Monarchie irgendwie gewohnt war, in Richtung Wien zu starren und sich das auch noch Jahrzehnte nach 1918 nicht abgewöhnen konnte. Und so wie Bad Ischl im Salzkammergut bis heute zu einem Gutteil vom Kaiser lebt, der dort die Sommerfrische zu verbringen pflegte, so lebt auch Wien gut von der Denkmalpflege seiner Klischees – eines davon ist das Kaffeehaus und der Wiener Kaffee. Auch wenn es jeder Wien-Führer dringend empfiehlt: Das Café Hawelka in der Dorotheergasse kann man – auch wenn es einem das Herz bricht, das zu sagen – inzwischen getrost auslassen. Ich kenne niemanden, der dort tatsächlich noch regelmäßig hinginge, außer mit Freunden von außerhalb, die es unbedingt einmal sehen wollen, weil es das berühmteste aller Wiener Künstlerkaffeehäuser ist. Die ausgelassenen Zeiten, die zum Beispiel zu Austropop-Klassikern wie Georg Danzers „Jö schau, so a Sau, Jössas na!/ Was macht a Nackerter im Hawelka …?“ aus dem Jahr 1976 führten, sind eindeutig vorbei. Außerdem ist 2005 auch noch die alte Frau Hawelka gestorben, übrigens vorbildlich an ihrem einzigen freien Tag in der Woche, einem Dienstag. An dieser Stelle muss noch einmal ein Loblied auf Josefine Hawelkas himmlisch köstliche Buchteln gesungen werden: Nirgendwo sonst war der Buchtelgermteig flaumiger! Wenn man hineinbiss, schmolz einem die Powidlfüllung förmlich auf der Zunge. Frau Hawelka holte sie aus dem Ofen und servierte sie noch warm. Es ist ein Glück, dass ihr Sohn und ihre Enkel die Buchteltradition des Café Hawelka auch nach ihrem Tod fortführen. Insofern gibt es für Mehlspeistiger immer noch einen Grund, ins Café Hawelka zu gehen: um der Buchteln willen!

In den 1950er-, 1960er- und 1970er-Jahren hingegen sah die Welt des Café Hawelka ganz anders aus. Damals galt es als das zweite Wohnzimmer von gut und gerne zwei Generationen namhafter Wiener Schriftsteller und Künstler. Hier saßen die Sprachexperimentierer der „Wiener Gruppe" rund um H. C. Artmann, Friedrich Achleitner, Gerhard Rühm und Oswald Wiener genauso wie Heimito von Doderer, Friedrich Torberg, Hilde Spiel oder der junge André Heller mit seinem engen Freund Helmut Qualtinger. Die alte Frau Hawelka, die zu dieser Zeit natürlich noch gar nicht alt war, habe ihm damals das eine oder andere zu essen zugesteckt, erzählt André Heller heute und auch, dass er sich als ganz junger Mensch an den Tischen der deutlich älteren künstlerischen Prominenz ganz still verhalten und nur zugehört habe. Mitreden dürfen, das kam erst mit den Jahren.

Gleich schräg gegenüber vom Café Hawelka, in der Dorotheergasse 3, wohnte von 1913 bis zu seinem Tod im Jahr 1919 ein anderer Großer der Wiener Kaffeehausliteratur: Peter Altenberg. Das ist deswegen erwähnenswert, weil das Hotelzimmer des Bohemiens, Schriftstellers und Mädchenliebhabers im damaligen Grabenhotel um nichts weniger berühmt war als er selbst. „Mein einfenstriges Kabinett im fünften Stock des Grabenhotels ist mein ‚Nest', Halm für Halm zusammengesucht seit zwanzig Jahren", notierte Altenberg. Die 10.000 Postkarten, Fotos, Bilder und vor allem Frauen- und Mädchenbildnisse, mit denen er die Wände seines Zimmers von oben bis unten austapezierte und die er – im Fall der Mädchenbilder – mit schriftlichen Anmerkungen wie „Dich nackt, splitternackt erträumen" oder „Die absolut idealen Beine" verzierte, befinden sich heute im Wien Museum. Eine lebensgroße Peter-Altenberg-Gipsfigur mitsamt berühmtem Dichterschnurrbart sitzt übrigens in der Nähe des Eingangs vom Café Central in der nahe gelegenen Herrengasse, einem weiteren äußerst beliebten Treffpunkt der Kunst- und

Kulturszene, über das Alfred Polgar sogar eine „Theorie des Café Central" verfasste: einmal Kaffeehausliterat, immer Kaffeehausliterat.

Am Ende der Herrengasse liegt der Michaelerplatz, wo sich im Café Griensteidl in den Jahren um die Jahrhundertwende vom 19. ins 20. Jahrhundert Arthur Schnitzler, Hugo von Hofmannsthal, Karl Kraus und die Literatengruppe um Hermann Bahr trafen, zu der auch der Feuilletonist Felix Salten gehörte. Salten wird nicht nur die Autorenschaft der Memoiren der Josefine Mutzenbacher – Wiens berühmtester, wenn auch vermutlich nur fiktiver Hure – zugeschrieben. Sie erschienen 1906 und gelten seither als meisterhafter Klassiker der erotischen Literatur. Weltberühmt wurde Salten allerdings mit etwas ganz anderem, nämlich einem Tiermärchen: „Bambi – Eine Lebensgeschichte aus dem Walde". Als Salten dem wegen seiner spitzen Feder und bösen Zunge gefürchteten und persönlich wenig beliebten Karl Kraus im Kaffeehaus eine Ohrfeige verpasste, wurde dieser skandalöse Vorgang – wie Stefan Zweig am 15. Dezember 1896 sichtlich zufrieden in seinem Tagebuch vermerkte – „allseits freudig begrüßt".

Vom Café Griensteidl ist es nur mehr einen Steinwurf weit bis zum eingangs schon erwähnten Café Bräunerhof. Der Bräunerhof ist wie ein vor Jahrzehnten maßgefertigtes, gut geschnittenes englisches Sakko: Von abgetragener Eleganz, stilvoll und eigenwillig. Die Kellner? Ganz alte Schule. Das heißt? Von zuvorkommender Höflichkeit und feinem Humor, wenn sie in Stimmung sind. Von unterkühltem Hochmut, wenn nicht. Mit einem Wort: ideal. Besser wird's nicht. Dasselbe gilt fürs Café Korb in der Brandstätte unweit des Stephansdoms. Früher, sprich vor ihrem Literaturnobelpreis, konnte man dort jederzeit Elfriede Jelinek begegnen. Inzwischen scheint sie deutlich seltener ins Kaffeehaus zu gehen.

Eines lohnt sich aber immer: Wenn man in Wien dem rosaroten Aida-Schriftzug folgt. Begegnen kann man dem in der ganzen Stadt über 30 Mal. Der richtige Sprachgebrauch lautet: Die Aida. Die „Cafékonditorei" Aida ist die wunderbarste Institution überhaupt. Eigentlich das „missing link" zwischen Wiener Kaffeehaus und Wiener Konditorei, unbelastet von den tonnenschweren Mythen des einen und dem hausbackenen Image des anderen. Wie das gelungen ist, bleibt ein Rätsel, aber irgendwann galt das in Rosa, Braun und Orange gehaltene Retrodesign der Aida-Filialen plötzlich wieder als chic. Ein kleines, dezentes Facelifting tat das Seine. Außerdem ist die Aida eine urdemokratische Einrichtung, die gleichsam keine Altersgruppe, keine soziale Gruppe, keinen Stil ausschließt. Hier gibt es unwidersprochen die besten Creme- und Kardinalschnitten der Stadt und einen der besten Kaffees aus besonders milder Röstung.

Doch jetzt ein paar Worte zum Kaffee selbst. „Wiener Kaffee, Wiener Kaffee, was soll das sein?", höhnt ein Freund, der lange Zeit Kellner war, „gehst du in die Pizzeria und sagst ‚Eine Pizza, bitte'? Na, also! Wie dann irgendjemand auf die Idee kommen kann, im Kaffeehaus einen Kaffee zu bestellen, ist mir schleierhaft. Man bestellt keinen Kaffee. Man bestellt einen Großen oder einen Kleinen Brauen, eine Melange oder einen Verlängerten oder sonst irgendwas, aber sicher keinen Kaffee. Wenn man einen Kaffee bestellt und dann tatsächlich etwas serviert bekommt, weiß man, dass man nicht ernst genommen wird. Das ist wie am Würstelstand. Letzthin war ich am Würstelstand Ecke Graben und Seilergasse und höre eine Russin auf Englisch ‚One sausage, please' sagen. Der Mann im Würstelstand zuckte nicht mit der Wimper, nahm die Bestellung auf und servierte ihr eine Käsekrainer mit Curry. Käsekrainer mit Curry! Dafür muss man wirklich in der richtigen Stimmung sein. Ich würde das nicht als neutrale Durchschnittswurst im Sinne von Frankfurter Würsteln bezeichnen."

Besser also, man wappnet sich für den Kaffeehausbesuch. Die Gefahr dabei: Wenn Sie zehn

Wiener bitten, Ihnen die Kaffeekarte eines Wiener Kaffeehauses aufzuschlüsseln, werden Sie es am Ende vermutlich mit ebenso vielen Erklärungen wie Befragten zu tun haben. Fragt man meinen Freund Adi, einen selbst ernannten Experten in Kaffeefragen und eingefleischten Besucher des Café Bräunerhof in der Stallburggasse unweit des Grabens, dann sieht die Sache folgendermaßen aus: „Erstens: Kleiner Brauner, Kleiner Schwarzer. Ein klassischer Kleiner Brauner ist ein Kleiner Schwarzer mit flüssigem Obers. Von der Kaffeepulvermenge her entsprechen Kleiner Brauner und Kleiner Schwarzer ungefähr, wenn auch nicht ganz, einem italienischen Espresso. Nur einmal mit und einmal ohne Obers. Das Obers gehört nicht in den Kaffee hineingegossen. Klassischerweise lässt man es nur vorsichtig über einen umgedrehten Löffel in die Tasse rinnen, damit es an der Oberfläche schwimmt. Diese Technik ist allerdings vom Aussterben bedroht. Dann gibt es den Großen Schwarzen und den Großen Braunen: doppelte Menge Kaffee und doppelte Menge Wasser, einmal ohne, einmal mit Obers. Oder meinetwegen mit warmer Milch. Was meistens nicht auf der Karte steht, ist das, was der Alfred Hrdlicka früher immer im Bräunerhof zu sich genommen hat, den „Großen Braunen kurz“. Das ist die doppelte Kaffeemenge, aber nur so viel Wasser wie beim Kleinen Braunen. Anders gesagt: Die Kaffeemenge vom Großen Braunen mit der Wassermenge vom Kleinen Braunen. Dann der Verlängerte. Der wiederum besteht aus der einfachen Kaffeemenge wie der Kleine Schwarze, aber der doppelten Wassermenge, ist also ein verlängerter Kleiner Schwarzer. Daher der Name. Die Melange wiederum ist auch ein Verlängerter, allerdings unter Anführungszeichen, weil mit Milchschaum statt Obers. Quasi das Pendant zum italienischen Cappuccino, aber ohne Firlefanz wie darüber gestreutes Kakaopulver. Um genau zu sein ist eine Melange ein Kleiner Brauner, der mit Milchschaum auf die Menge eines Großen Braunen aufgegossen wird. Eine schreckliche Unart, die von der Cappuccinotrinkerei kommt, hat in den letzten Jahren um sich gegriffen: Milchschaum statt Obers im Kleinen Braunen. Das geht gar nicht. Zur Not geht noch warme Milch."

„Uff, kompliziert das alles", sage ich.

„Ich bestell mir jetzt einen Kleinen Braunen", sagt Adi. „Wie immer."

Vor einigen Jahren, es war ein sonniger Nachmittag im Sommer und die goldene Lorbeerkuppel der Secession blitzte vom Naschmarkt herüber, saß meine Cousine Nani mit einem deutschen Studienkollegen in der Operngasse in einer der Fensternischen des Café Museum, das damals noch wunderbar gemütlich und verschlissen war. 2003 wurde es einer Restaurierung nach Adolf Loos' Originalplänen unterzogen. Seither hat es einen Teil seines Charmes an einen seltsam steril wirkenden Hochglanz verloren. Trotzdem, Café Museum bleibt Café Museum, und im Sommer sitzt es sich gut draußen vor den Fenstern mit Blick hinüber auf die barocke Kuppelarchitektur der Karlskirche und auf den Karlsplatz, der einem berühmten Satz von Otto Wagner zufolge „kein Platz, sondern eine Gegend ist". Jeder, der schon einmal versucht hat, den Karlsplatz oberirdisch – und nicht durch die langen Gänge der darunterliegenden U-Bahn-Station – zu queren, wird dem zustimmen.

Adolf Loos jedenfalls, der Gründervater der Moderne in der Architektur, hatte das Café Museum 1899 eingerichtet. Seine Ausstattung galt als Revolution der Einfachheit, als Triumph der klaren Linie über den Ornamentalgeschmack des Jugendstils, vor allem des Jugendstils in seiner Wiener Spielart – der Secession. „Sehr nihilistisch, aber appetitlich, logisch, praktisch" lautete einer der Kommentare nach der Eröffnung des Cafés, das sich rasch in die Riege der großen Künstlercafés der Zeit einreihte. Das Logisch-Praktische und erst recht das Appetitliche an der Inneneinrichtung kam noch zu Loos' Lebzeiten unter die Räder. Es wurde umdekoriert. Danach ging es weniger streng zu im Café Museum, dafür wurde es deutlich gemütlicher. In den späten 1980er- und 1990er-Jahren war es zu praktisch jeder Tageszeit im vorderen Bereich gut gefüllt mit Studentenrunden, die auf gepolsterten Bänken mit speckigen, abgewetzten Samtbezügen wie die Schlote rauchten. Im hinteren Bereich wurden die Touristen untergebracht, die sich – entzückt oder eingeschüchtert von der Ehrfurcht gebietenden Authentizität des Ortes – zumeist vollkommen unauffällig verhielten und im Gedränge nicht weiter auffielen. Die Kellner waren berüchtigte Rüpel. „Woher stammt die Legende, dass Wiener Kaffeehauskellner charmant seien", erkundigte sich vorsichtig flüsternd der deutsche Studienkollege bei meiner Cousine Nani, nachdem der Kellner sie schon einige Zeit ignoriert hatte. Sie winkten, sie riefen, sie deuteten. Es half nichts. Der Kellner kam nicht. Im damaligen Café Museum war das nichts Ungewöhnliches. Erfolgreich zu bestellen fiel in die Kategorie sportlicher Etappensieg. Als ihr Bestellelan nachließ, tauchte der Kellner plötzlich unvermittelt an ihrem Tisch auf und schaute ungeduldig. Überrumpelt stammelte der Studienkollege: „Einen Kaffee, bitte!"

„Hamma nicht!", sagte der Kellner barsch, drehte sich um und ging. Nani starrte den Studienkollegen böse an. Sie wusste, sie hatte ihren Kredit im Café Museum, so klein er auch gewesen sein mochte, in nur einer Sekunde verspielt.

Zwei typische Wiener Kaffeehaus-Mehlspeisen sind der Apfelstrudel und die Buchteln. Apfelstrudel wird praktisch in so gut wie jedem Wiener Kaffeehaus serviert, Buchteln hingegen – deutlich aufwendiger in der Zubereitung – sind mittlerweile ein rares Gut. Findet man sie auf der Karte, sollte man auf jeden Fall zuschlagen. Wem im Kaffeehaus das Herz nicht nach Süßem, sondern nach Salzigem steht, dem sei das Rezept fürs Fiakergulasch ans Herz gelegt: Auch Gulasch steht in Wien auf jeder guten Kaffeehaus-Menükarte. Und das Fiakergulasch hat noch ein paar Extras dabei.

Apfelstrudel

Zutaten:
1,5 kg säuerliche Äpfel
(z. B. Boskoop)
Strudelteig (Fertigteig aus dem Kühlregal)
120 g Kristallzucker
120 g Semmelbrösel
100 g Butter
3 EL Rosinen, ein paar Stunden in Rum eingeweicht
1 KL Zimt
1 EL Vanillezucker
eventuell eine Handvoll geriebener Nüsse
(z. B. Walnüsse)

Äpfel schälen, entkernen und dünnblättrig aufschneiden. In einer Pfanne Butter erhitzen und die Semmelbrösel darin goldbraun rösten. Die Apfelscheiben in einer großen Schüssel mit Kristall- und Vanillezucker, Zimt, den Rumrosinen und den geriebenen Nüssen sowie den etwas ausgekühlten gerösteten Semmelbröseln vermengen.

Den Strudelteig auflegen, die Apfelmasse in einer Art Rolle auf der unteren Teighälfte verteilen und den Teig vorsichtig einrollen (s. Beschreibung auf der Strudelteigverpackung).

Den Strudel auf ein mit Butter befettetes Backblech legen, mit flüssiger Butter bepinseln und im vorgeheizten Backrohr bei 200 Grad ca. 40 Minuten braun backen.

Zum Servieren mit Staubzucker bestreuen. Der Apfelstrudel kann sowohl warm als auch kalt gegessen werden.

Dieses Rezept kann leicht variiert werden: Ersetzen Sie die Äpfel einfach durch Zwetschken, Rhabarber oder Marillen bzw. mischen Sie z. B. Äpfel mit Rhabarber.

Buchteln mit Powidl

Zutaten für 4 Personen
(8 Stück):
250 g glattes Mehl
125 ml lauwarme Milch
20 g Germ
4 ml Öl
1 Ei
2 Eidotter
30 g Staubzucker
1 Prise Salz
etwas flüssige Butter
200 g Powidl
1 EL Rum

In einer Schüssel die zerbröckelte Germ in der lauwarmen Milch auflösen. Etwa die Hälfte des Mehls glatt einrühren und mit etwas Mehl bestauben. Dieses nun sogenannte „Dampfl“ mit einem Tuch zudecken und an einem warmen Ort eine halbe Stunde gehen lassen. Danach mit dem übrigen Mehl, dem Ei, den zwei Dottern, Salz, Staubzucker und Öl zu einem Teig verarbeiten. Richtig ist er dann, wenn er sich vom Schüsselrand löst. Weitere 20 Minuten zugedeckt an einem warmen Ort rasten lassen.

Den fertigen Teig in Rollenform bringen und in acht gleiche Teile teilen, die auf ca. ein cm dicke Scheiben flachgedrückt werden. Nun jeweils einen gehäuften Kaffeelöffel des zuvor mit Rum vermischten Powidl auf die Teigscheiben setzen. Diese zusammenschlagen und an den Nahtstellen mit flüssiger Butter bestreichen. Mit den bestrichenen Seiten nach unten so in eine ausgebutterte Form setzen, dass die Buchteln eng aneinander liegen. Danach nochmals bei Zimmertemperatur etwa eine halbe Stunden gehen lassen. Die Buchteln sollten dabei um etwa die Hälfte größer werden. Zum Abschluss mit etwas flüssiger Butter bestreichen und im vorgeheizten Backrohr bei ca. 180 Grad so lange backen, bis die Buchteln goldbraun geworden sind. Das dauert in etwa eine halbe Stunde.

Zum Servieren die Buchteln portionieren und mit Staubzucker bestreuen. Klassischerweise wird dazu Vanillesoße gereicht.

Anstelle von Powidl können auch andere Marmeladen verwendet werden, z. B. Marillen- oder Weichselmarmelade.

Fiakergulasch mit Gurkerl und Spiegelei

Zutaten für 4 Personen:

1 kg Gulaschfleisch (vom Rinderwadschinken oder von der Schulter)
1 kg Zwiebeln
2–3 rote Paprika
5 EL Paprikapulver (edelsüß)
200 ml Öl
½ l Rindsuppe oder Wasser mit Suppenwürze
1–2 EL Tomatenmark
3–4 Knoblauchzehen, gepresst
Majoran
Kümmel (ganz)
Essig
7 Wacholderbeeren
4 Lorbeerblätter

Das Fleisch in ca. drei bis vier cm große Würfel schneiden (oder gleich vom Metzger vorschneiden lassen). Die Zwiebeln feinblättrig schneiden und in einem großen Topf in heißem Öl goldgelb rösten. Das Paprikapulver dazugeben, kurz durchrühren und sofort mit etwas Wasser und einem Schuss Essig ablöschen. Röstet das Paprikapulver nämlich zu lange, besteht die Gefahr, dass das Gulasch bitter wird. Danach mit einem halben Liter Rindsuppe oder Wasser und etwas Suppenwürze aufgießen und die Zwiebeln weich dünsten. Währenddessen die roten Paprikaschoten entstielen, entkernen, in kleine Stücke schneiden und mit dem Stabmixer pürieren. Das Paprikamus sowie die Fleischwürfel, den gepressten Knoblauch und die übrigen Gewürze in den Topf geben und halb zugedeckt ca. drei bis vier Stunden leicht köchelnd weichdünsten. Bei Bedarf etwas Flüssigkeit zugießen.

Sollte das Gulasch zu dünnflüssig sein, kann es mit ein wenig glattem Mehl gebunden werden. Dazu in einer Tasse etwas Gulaschsaft mit einem Esslöffel Mehl versprudeln und in das Gulasch einrühren.

Um aus dem Wiener Saftgulasch ein Fiakergulasch zu machen, krönen Sie jede Portion Gulasch mit einem Spiegelei und einem fächrig geschnittenen Essiggurkerl. Dazu gehört meistens auch noch ein sogenannter „Einspänner“, ein einzelnes kleines Frankfurter Würstel, das an beiden Enden kreuzförmig eingeschnitten und gegrillt wird. Beim Braten rollen sich die eingeschnittenen Enden auf.

Das klassische Fiakergulasch wird entweder nur mit einer Semmel als Beilage serviert oder auch mit Salzerdäpfeln, Servietten- oder Semmelknödel.

Das wasserblaue Wien

Von Inseln in der Donau, Schwimm- und Tanzpalästen, Strombädern und Überschwemmungen, Transdanubien und der Riviera an der Donau und von zwei Bädern namens Krapfenwaldl und Gänsehäufel.

An heißen Sommertagen ist der Himmel über Wien von einem fahlen, beinahe milchig weißen Blau. Zwischen den vierstöckigen Gründerzeithäusern der Innenstadt staut sich die Hitze und steht zwischen den dicken Mauern wie in einem Backofen. Die Menschen gehen auf den Schattenseiten der Straßen. Abseits der touristischen Pfade wirkt die Stadt still, leer und wie versteinert. An solchen Tagen täuschen viele im Büro das vor, was – zumindest hierzulande – so sympathisch wie vage ein „Tagesrandtermin" genannt wird, und stehlen sich mitten am Nachmittag aufatmend ins Schwimmbad davon. In dieser Stadt ist überall gleich ums nächste Eck ein Schwimmbad, ein Freibad, ein Strandbad oder ein Strombad. Hier ist das Schwimmen, vielmehr noch das „Baden gehen" traditionell eine Massenbewegung. Das liegt daran, dass es in Wien so viele Möglichkeiten zum Baden gibt – angefangen mit der Donau selbst.

An einem solchen heißen Sommertag sprangen meine Freundin Berna und ich in die U1 und fuhren bis zur Station Kaisermühlen. „Kaisermühlen Blues", so hieß in den 1990er-Jahren eine ungemein erfolgreiche österreichische Fernsehserie. Sie handelte von einem Mikrokosmos des Urwienertums, nämlich von den Bewohnern eines Gemeindebaus in Kaisermühlen, einem Teil des 22. Wiener Gemeindebezirks. Den 21. und 22. Bezirk, Floridsdorf und Donaustadt, nennt man in Wien Transdanubien, und es herrscht Einigkeit darüber, dass es sich bei diesen Stadtteilen jenseits der Donau Richtung Osten um eine andere Welt handelt; genauer gesagt: um einen anderen Kosmos. Wirft man nämlich einen Blick auf den Stadtplan, überrascht es einen jedes Mal aufs Neue, dass Transdanubien, obwohl es nur zwei Bezirke umfasst, flächenmäßig fast genauso groß ist wie der Rest von Wien.

Jemand, der die Stadt zum ersten Mal sieht, vielleicht von oben aus einem Flugzeug, könnte auf die Idee kommen, dass hier das eigentliche Stadtzentrum liegt. Denn auf der sogenannten Donauplatte zwischen UNO-City und Neuer Donau sind in den letzten eineinhalb Jahrzehnten eine Reihe von Hochhaustürmen gebaut worden. Wien hat dadurch – abseits seines tatsächlichen Zentrums – eine fast amerikanisch anmutende Skyline direkt am Fluss bekommen. Die Donauinsel, die ab 1972 zum

Hochwasserschutz aufgeschüttet wurde und den Fluss auf über 20 Kilometern Länge in zwei Hälften – nämlich die eigentliche Donau und ihr Entlastungsgerinne Neue Donau – zerschneidet, ist das zu dieser Skyline passende städtische Naherholungsgebiet. Der amtliche Ausdruck „Naherholungsgebiet" entspricht dem ersten Eindruck, den man von der Donauinsel gewinnt. Flach, durchzogen von asphaltierten Wegen, Sportplätzen und Schnellimbissen.

Erst bei näherem Hinsehen entdeckt man die wirklich schönen Seiten der Insel: die Minibuchten, in denen man unbeobachtet nackt ins Wasser springen kann, die weiten Wiesen, die sich im Frühsommer für kurze Zeit in hohe Blumenteppiche verwandeln, die Baumgruppen, unter denen sich türkische Großfamilien am Wochenende zu Grill-Picknicks einfinden, die großen offenen Flächen, die für so gut wie alles genug Platz bieten – von Drachensteigen bis Tai-Chi, Rollschuhfahren bis Fußball, Badminton bis Frisbee. Und dann ist da noch die schiere Länge der Insel, auf der man sich so richtig auslaufen und ausradeln kann – wenn man will, von einem Ende der Stadt zum anderen.

Die Donauinsel ist quasi das, was vor Transdanubien und seinen Hochhäusern liegt. Doch neben dem Wolkenkratzer-Transdanubien gibt es noch ein ganz anderes. Eine chinesische Ärztin, die im

22. Bezirk ihre Ordination hat, erklärte mir einmal, es sei die einzige Wohngegend in Wien, die für sie infrage käme. Warum?, fragte ich. Hier könne man gut atmen, antwortete sie, die Häuser seien niedriger, man sehe weniger alte Leute und viel mehr Kinder, und die Alte Donau liege gleich ums Eck. Auch das ist richtig. Weit und offen erstrecken sich hier Straßenzüge, die von nur ein- oder zweistöckigen Häusern gesäumt sind, und jedes Jahr schießen weitere Neubausiedlungen oder Reihenhausanlagen mit kleinen Gärten aus dem Boden. Nicht alles gemahnt einen ständig an eine jahrtausendealte, in Stein gemeißelte Geschichte. Viele mögen das.

Für Außenstehende ist das alles wahrscheinlich ein bisschen verwirrend: Alte Donau, Neue Donau, Donaukanal und eigentliche Donau. Es hilft, wenn man weiß, dass die Donau im Wiener Becken über Jahrhunderte ein Fluss mit zahlreichen Nebenarmen war. Regelmäßig wurden nach starken Regenfällen oder zur Zeit der Eisschmelze ganze Stadtteile überschwemmt. Die Einwohnerzahl wuchs, eine Regulierung der Donau wurde immer dringlicher – auch im Hinblick auf die neue industrielle Donauschifffahrt. In den Jahren 1870 bis 1875 nahm man das Großprojekt schließlich in Angriff. Unter enormem technischem Aufwand wurde zwischen Nussdorf am nördlichen und Albern am südöstlichen Stadtrand ein neuer Nebenarm gegraben. Er bekam den Namen Donaukanal und ist das, was viele Wien-Neulinge fälschlich für die Donau halten, weil er – im Gegensatz zur Donau selbst – durch die Innenstadt fließt. Dort, am Donaukanal, auf Höhe des Schwedenplatzes, liegt seit 2006 das „Badeschiff Wien" vor Anker. Es greift – in modernem Gewand – die alte Wiener Tradition der Strombäder wieder auf. Diese waren schwimmende Holzkonstruktionen, in deren Mitte sich ins Flusswasser abgehängte Badekörbe befanden. Dort konnte man, vor dem Risiko des Abgetriebenwerdens geschützt, ein erfrischendes Bad in der Strömung nehmen. Das „Badeschiff Wien" funktioniert anders: Es ist ein umgebautes Frachtschiff mit Restaurant, einer hoch gelegenen Sonnenterrasse und einem richtigen Schwimmbecken über dem Wasser des Donaukanals. Es ist die aller urbanste Variante des „Gemma baden!" – buchstäblich mitten in Wien.

Doch zurück zur Regulierung der Donau im 19. Jahrhundert: Zur weiteren Zähmung des Flusses wurde damals eine ganze Reihe von Hafenanlagen, Wehren und Schleusen errichtet, deren schönste sicher die von Otto Wagner erbaute Nussdorfer Schleuse mit ihrer eleganten Jugendstilarchitektur und ihren imposanten, auf hohen Podesten Wache haltenden Löwen ist. Diese Schleuse reguliert den

Wasserzufluss in den Donaukanal. Gleichzeitig wurde der Lauf der eigentlichen Donau im Dienste der Schifffahrt begradigt. Dadurch entstanden einige tote Wasserarme wie das Heustadlwasser im Prater oder die Alte Donau, die bogenförmig entlang des 21. und 22. Bezirks verläuft.

Genau dorthin, zur Alten Donau, wollten wir, als wir an diesem heißen Sommertag an der U1-Station Kaisermühlen ausstiegen. Unser Ziel war das Gänsehäufel. In einem berühmten Lied des Austropop-Sängers Rainhard Fendrich aus dem Jahr 1981 heißt es „I steh aufs Gänsehäufel, auf Italien pfeif' i". Das mag als Hinweis auf das Selbstbewusstsein dienen, das habituelle Gänsehäufel-Besucher auszeichnet. Hier regiert ein alteingesessener, proletarischer Badekabinen-Adel, der mitunter seit Jahrzehnten den gesamten Sommer Tag für Tag im Gänsehäufel verbringt. Brathenderlbraun und resolut die Hände in die feisten Seiten gestemmt, sind sie die von keinerlei Selbstzweifel angekränkelten Kommentatoren des Badegeschehens – und vor allem die Ahnder von anderer Leute Schwimmbad-Fehlverhalten. Machen Sie die Probe aufs Exempel und lassen Sie einmal – nur so zum Spaß – die Verpackung eines Schleckeises nicht in die dafür vorgesehene Mülltonne, sondern auf die Liegewiese fallen! Irgendein Argusauge wird Sie dabei beobachten und sofort ungebremst zu Ihrer verbalen Bestrafung heraneilen. Die Tirade, die auf Sie niederprasseln wird, könnte übrigens durchaus mit einem unfreundlichen „Hearst, Deppate/r …“ beginnen. Also wappnen Sie sich!

Das Bad feierte 2007 sein Hundertjahrjubiläum. Schon lange davor, im Jahr 1900, hatte ein Mann namens Florian Berndl einen Teil des späteren Gänsehäufels gepachtet, um hier Edelweiden zu züchten. Außerdem propagierte er eine neue Form naturnahen Lebens, die rasch Anhänger fand. Sie frönten dem Sonnenbaden und so sündigen Dingen wie dem gemeinsamen Nacktbaden von Männern und Frauen. Angesichts dieser Brüskierung der guten Sitten verlor Berndl alsbald seinen Pachtvertrag, die Stadt Wien übernahm und eröffnete 1907 das „Strandbad der Commune Wien am Gänsehäufel“. Der seltsame Name des Bades erinnert an die angeschwemmten Inseln, die sogenannten „Haufen“, auf denen früher Gänse gezüchtet wurden.

Tatsächlich erreicht man das „Gänsehäufel“ nur über eine Brücke. An Spitzentagen kommen um die 30.000 Menschen hierher. Das klingt nach verzweifelter Überfüllung, aber das Bad ist so groß, dass sich doch immer irgendwo ein Platz findet, an dem man unter lichten Pappeln oder Weiden liegen und in Ruhe den Blättern beim Rauschen zuhören kann. Die Architektur des Bades mit ihren Tausenden Kabinen und Kästchenreihen, den überdachten, offenen Gängen aus Beton und dem hohen Uhrturm, auf den hinauf sich eine Wendeltreppe windet, stammt aus den 1950er-Jahren, weil das Bad – bis auf die Brücke – während des Zweiten Weltkriegs vollkommen zerstört wurde.

Berna und ich suchten uns ein Plätzchen nahe dem Ufer und stürzten uns ins Wasser. An der Alten Donau hat man immer ein bisschen das Gefühl, gar nicht in einer Binnenstadt, sondern irgendwo an einem breiten Kanal zu sein, der gleich um die nächste Biegung ins Meer mündet. Der Himmel ist weit, fast immer ist es angenehm windig, Möwen kreischen, auf dem Wasser ziehen die weißen Segel kleiner Segelboote hin und her, von überall hört man Rufen, Kreischen, Platschen oder Lachen. Rundum stehen die Häuser direkt ans Ufer gebaut. Stege auf dicken Pfählen führen ins Wasser. Wir schwammen eine Weile nebeneinander und ich erzählte Berna von einem Freund namens Martin, der hier im Winter einmal seinen neuen Anorak ruiniert hatte. Der Tag war eisig und die Alte Donau zugefroren. Außerdem handelte es sich um einen Vormittag unter der Woche, und weit und breit war kein Mensch zu sehen. Mit den Fußspitzen prüften Martin und der Freund, mit dem er unterwegs war, von einer Stegleiter aus die Eisdicke, befanden sie für tragfähig und gingen aufs Eis. Als sie sich erst schlurfend und schließlich zunehmend selbstbewusster gerade einmal ein paar Meter vom Steg entfernt hatten, begann das Eis unter Martins Füßen zu knacken, zu springen und aufzubrechen. In letzter Sekunde, als seine Beine schon bis über die Knöchel im Wasser standen, warf er sich mit einem kühnen Hechtsprung in Richtung eines lose aus dem Wasser ragenden Holzpfahls. Er erreichte den Pfahl, umfasste ihn panisch mit beiden Armen und rutschte – in seinem neuen orangefarbenen Anorak – in Zeitlupe den schwarzen, schmierigen Pfahl, den er immer noch umarmt hielt, hinunter ins Wasser der Alten Donau. „Er wurde doch hoffentlich gleich herausgezogen?", fragte Berna, die gerade schwimmend einem Schlauchboot auswich. „Ja, aber der neue Anorak war natürlich komplett hinüber", antwortete ich.

In diesem Sommer gab es die Sofiensäle im dritten Bezirk noch, wohin meine Freunde und ich manchmal spätabends zu Clubbings gingen. Die Lokalität war riesig. So richtig zu sehen bekam man sie nie, weil es immer bummvoll und dunkel war. Von überall blitzten farbige Scheinwerferlichter, den Rest besorgte der Zigarettenrauch. Erst viel später wurde mir klar, dass die Sofiensäle, die 2001 einem verheerenden Brand zum Opfer fielen, jahrelang ungenutzt als Ruine herumstanden und 2013 neu renoviert als Multifunktionsgebäude wiedereröffnet wurden, ein Relikt der mondänen bürgerlichen Badekultur des 19. Jahrhunderts waren, nämlich des Sofienbads. Gemeinsam mit dem Dianabad in der Leopoldstadt repräsentierte das Sofienbad ein absolutes Wiener Spezifikum: Überdachte, luxuriös ausgestattete Schwimmhallen, in denen im Sommer gebadet und im Winter auf Bällen getanzt wurde. So kommt es auch, dass die Uraufführung von Johann Strauß' „Donauwalzer" im Februar 1867 ausgerechnet im großen Saal des Dianabads stattfand.

Parallel dazu entwickelten sich in Wien aber auch die Volksbäder, die in erster Linie der Körperreinigung dienten. Die Wohnungen der Arbeiterschaft besaßen damals keine Badezimmer. Darum hatten auch noch Mitte der 1950er-Jahre die sogenannten „Tröpferlbäder", in denen das Duschwasser bei großem Andrang mitunter nur sehr sparsam floss, über vier Millionen Besucher jährlich.

1919 war Wien zur ersten sozialdemokratisch verwalteten Stadt der Welt geworden. Das Rote Wien verband den Hygienegedanken bald mit dem der körperlichen Ertüchtigung und gründete eine Vielzahl an städtischen Bädern, von denen manche – wie das wunderbar renovierte Amalienbad in Favoriten aus den 1920er-Jahren – zu gigantischen, beeindruckenden Monumenten einer selbstbewussten Arbeiterschaft gerieten.

Von nichts als Heiterkeit kündet hingegen ein Sommerbad wie das Krapfenwaldl im 19. Bezirk. Es liegt fast schon im Wienerwald, auf einem Hügel zwischen dem Kahlenberg und Grinzing. Berühmt ist es für zwei Dinge: für die nahtlos gebräunte, auch noch im Bikini bis zum kleinsten Fingernagel durchgestylte Schickimicki-Szene, die sich am Rand des oberen Schwimmbeckens ein tägliches Stelldichein gibt. Man kann sie getrost ignorieren und still bei sich denken, dass angesichts dieser orangebraun getönten Fitnesscenter-Muskelmassen überdeutlich klar wird, warum ein Solarium auf Wienerisch auch „Proletentoaster" genannt wird. Das zweite, wofür das Krapfenwaldlbad legendär ist und warum sich ein Besuch wirklich jederzeit lohnt, ist sein Blick über Wien. Angesichts dieser Perspektive bleibt einem jedes Mal aufs Neue die Luft weg. Die ganze Stadt liegt einem zu Füßen und auch noch die Hügel und Landstriche rundherum. Man fühlt sich wie vor einer riesigen Freilichtleinwand, die man betrachtet, während man auf einem Handtuch oder auf einer der Holzpritschen ausgestreckt den Bauch in die Sonne hält. Das Krapfenwaldl liegt in einem lichten Föhrenwäldchen, was ihm eine stark mediterrane Atmosphäre verleiht, und es besitzt ein Eingangsgebäude, in dem saalartige Räume mit Reihen von schönen, fast hundert Jahre alten

Holzkabinen einen eintauchen lassen in etwas, das sich anfühlt wie die gute alte Zeit. Staubkörnchen tanzen in einzelnen, schräg einfallenden Sonnenstrahlen. Das alte Holz knarrt und duftet harzig, und obwohl es herinnen ruhig ist, hört man von Weitem schon das Badeleben, in das man gleich hinaustreten wird.

Kaum ein Dutzend Kilometer donauaufwärts liegt Kritzendorf. Obwohl Kritzendorf schon zu Niederösterreich gehört, ist es seit Langem ein ganz fester Bestandteil der Wiener Badekultur und muss deswegen hier erwähnt werden. „Riviera an der Donau" lautet der Titel eines Buches der Wiener Historikerin Lisa Fischer über das berühmte „Strombad Kritzendorf", das in den 1920er-Jahren seine Hochblüte als Sommerfrischeort der Wiener Boheme und Kunstszene und des Wiener Kleinbürgertums erlebte. „Krize-les-bains" nannte man die fidele Sommergesellschaft, die sich dort Jahr für Jahr am Donauufer einfand, sich in den unberührten Auwäldern zu geheimen Stelldicheins traf, in der Donau schwamm, in den umliegenden Heurigen „Ribiselwein" trank und aus ihren Villen, Häusern und Stelzenstrandhütten kommend schichtübergreifend miteinander den Sommer verplauderte. Es ging dort in vielerlei Hinsicht freimütiger und entspannter zu als in Wien, und man musste nicht – wie Lisa Fischer schreibt – „vor der Kassa heiraten“, wenn man als Mann und Frau gemeinsam das Bad betreten wollte.

Der Nationalsozialismus setzte der Idylle an der Donau ein abruptes Ende: Im Mai 1938 machten die Nürnberger Rassengesetze 80 Prozent der Kritzendorfer Haus- und Villenbesitzer, die jüdisch waren, zu Freiwild und Bürgern zweiter Klasse. Sie wurden enteignet. Die „arisierten“ Häuser gingen an Parteigenossen, das liberale Modebad der 20er- und 30er-Jahre wurde zum Nazibad. Doch bereits unmittelbar nach Kriegsende 1945 flammte wieder etwas vom alten Geist der Sommerkolonie auf, als der zum provisorischen Bürgermeister von Kritzendorf ernannte Sozialdemokrat Hans Reif die nationalsozialistischen Bewohner seinerseits enteignete. Er nannte es „Rückarisierung“ und vergab die Häuser an Opfer des Nationalsozialismus, die sie treuhändisch verwalten sollten, bis sie an die rechtmäßigen jüdischen Besitzer zurückgestellt werden würden. Ein derart konsequenter (und erfolgreicher) Schulterschluss mit den Opfern des Nationalsozialismus war in Nachkriegsösterreich die absolute Ausnahme.

In den letzten Jahren ist Kritzendorf wieder sehr in Mode gekommen. Ich kenne eine ganze Reihe von Leuten, die sich eines der alten Stelzenhäuschen in Ufernähe gekauft oder gemietet haben und ihre Wochenenden dort verbringen. Früher gab es hier Badekörbe fürs sichere Schwimmen, heute stapft man ein paar Hundert Meter donauaufwärts durch den sandigen Auwald, wirft sich ins kalte Wasser und lässt sich bis zur großen Liegewiese hinuntertreiben. Am Ufer liegen Tausende flache Steine, die sich hervorragend dazu eignen, sie über die Wasseroberfläche springen zu lassen. Auf dem Fluss selbst ziehen langsam große Lastkähne und Transportschiffe vorbei, von denen man sich vorstellt, wie sie womöglich bis zur Donaumündung im Schwarzen Meer weiterfahren.

Drei Rezepte für die ideale kulinarische Badeausflugsbegleitung: Saure Wurst, Maurerforelle und Faschierte Laibchen lassen sich gut mitnehmen ins Schwimmbad, zum Picknick oder ins Grüne.

Saure Wurst

Zutaten für 4 Personen:
4 Knacker
2 mittelgroße Zwiebeln
Weißweinessig
Sonnenblumenöl
Salz, Pfeffer

Die Knacker enthäuten und in dünne Scheiben schneiden. Vier Teller mit den Wurstscheiben belegen. Darüber kommen hauchdünn geschnittene Zwiebelringe. Für die Marinade: Zwei Teile Öl, ein Teil Essig und etwas Wasser mit Salz und Pfeffer gut verrühren und über die Wurst gießen. Als zusätzliche Garnierung eignen sich Paprikastreifen, hart gekochte Eier oder Paradeiser. Soll die Saure Wurst als Jause mit ins Schwimmbad, gibt man einfach alle Zutaten mitsamt Marinade in eine große, gut verschließbare Tupperwaredose.

In Wien erhielt die Knacker als „Fischersatz" für den armen Mann in einer ihrer zahllosen Varianten den euphemistischen Beinamen „Maurerforelle": Für die klassische Maurerforelle ist nicht mehr nötig als eine enthäutete Knacker, die der Länge nach halbiert wird. Auf die Schnittfläche streut man fein gehackte Zwiebeln, salzt und pfeffert und klappt die Knacker wie ein belegtes Brot zu. Gegessen wird diese Köstlichkeit, die sich für die Baustellenpause ebenso eignet wie für die Schwimmbad- oder Wanderjause, mit Senf und Brot oder Semmel.

Faschierte Laibchen

Zutaten für 4 Personen:
750 g gemischtes Faschiertes (vom Rind und vom Schwein)
100 g Semmelbrösel (für die Masse)
1 große Zwiebel, fein gehackt
2 Eier, 1 Eidotter
2 gepresste Knoblauchzehen
Majoran, Salz, Pfeffer
1 kleiner Bund gehackte Petersilie
Butterschmalz oder Öl
etwas Semmelbrösel zum Wenden der Laibchen

Die fein gehackte Zwiebel in Butterschmalz anrösten und auskühlen lassen. Nun das Faschierte mit allen Zutaten gut vermischen. Aus der Masse Laibchen formen und diese in Semmelbrösel wenden. In einer Pfanne etwas Fett erhitzen und die Laibchen beidseitig braun braten. Je nach Größe der auf gut Wienerisch „Laberln" genannten Fleischlaibchen dauert das zwischen fünf und zehn Minuten.

Die faschierten Laberln schmecken sowohl warm als auch kalt. Werden sie warm serviert, ist die ideale Beilage Erdäpfelpüree. Kalte, faschierte Laberln schmecken am besten mit Senf und Brot und lassen sich hervorragend als Jause für zwischendurch auf Ausflüge oder ins Schwimmbad mitnehmen.

Das grasgrüne Wien

Von Spaziergängen im Wienerwald und Aufstiegen auf den Leopoldsberg, von Panoramablicken über die Stadt, Weingärten, alten Heurigen, Pfingstrosen im Burggarten und einer Parasol-Hysterie „am Himmel“, die dem wanderlustigen Sigmund Freud gefallen hätte.

Sigmund Freud hätte seine Freude mit uns gehabt. An diesem warmen Spätsommertag Anfang September boten wir dem Vater der Psychoanalyse ein Lehrstück in Sachen Hysterie. Wenn man so will, befand er sich dabei ganz in unserer Nähe. Aus seiner Wohnung in der Berggasse 19 kommend, wo man im dort untergebrachten Museum zwar nicht seine berühmte Couch, wohl aber seinen Spazierstock, Hut und Mantel bestaunen kann, pflegte Freud nämlich an den Wochenenden zu ausgiebigen Wanderungen in den Wienerwald aufzubrechen. Auf der Bellevue-Höhe oberhalb von Sievering im 19. Bezirk, wo Freunde ein Haus hatten und wo er gerne spazieren ging, steht heute ein wenig bekanntes Denkmal – ein Stein mit einem Auszug aus einem Brief, den Freud dort geschrieben hat: „Brief an Wilhelm Fliess, Bellevue, 12. Juni 1900 – Denkst Du, dass eines Tages eine Marmortafel diese Worte tragen wird: In diesem Haus enthüllte sich am 24. Juli 1895 dem Dr. Sigmund Freud das Geheimnis des Traumes? Im Augenblick sehe ich wenig Anlass dazu."

Aus der Perspektive des Jahres 1900 betrachtet, ließ Freuds Anerkennung tatsächlich noch ein wenig auf sich warten. Die „Traumdeutung" hatte er damals allerdings schon veröffentlicht und auch seine Hysteriestudien. Um Hysterie ging es auch an diesem Tag. Wir feierten unweit der Bellevue-Höhe im Restaurant „Oktogon am Himmel" ein Fest. Der Name ist nicht schlecht gewählt. Denn es handelt sich um eine dieser weiten, hügeligen, von Wald umgebenen Wienerwaldwiesen, von denen aus man von hoch oben einen gigantischen Blick über die Stadt und das Wiener Becken hat. Im Wienerwald entlang der Höhenstraße gibt es davon eine ganze Menge und jeder, den ich kenne, hat seinen Lieblingsausblick: Die einen schauen am liebsten vom Kahlenberg, die anderen vom Cobenzl, wieder andere vom Leopoldsberg oder eben vom „Himmel".

Rund ums Oktogon am Himmel wuselte es jedenfalls von Ausflüglergrüppchen, am nahen Spielplatz tobten die Kinder. Ich verließ die Festgesellschaft, um einen kleinen Spaziergang in den Wald zu machen. Julian, der zehnjährige Sohn meiner Freundin Lydia, begleitete mich. Wir gingen am Waldrand entlang, tauchten durch Stauden und

Strauchhecken hinein in die hohen Buchensäulenhallen des Wienerwalds und folgten einem kleinen Pfad in Richtung Sisi-Kapelle, die versteckt auf einer kleinen Lichtung liegt. Das neogotische Kirchlein wurde anlässlich der Hochzeit des Kaiserpaares Elisabeth und Franz Joseph I. im April 1854 in Auftrag gegeben und zwei Jahre später eingeweiht. Viele Jahrzehnte lag die Sisi-Kapelle vergessen und verfallen in romantischer Melancholie im Wald. Vor einiger Zeit wurde sie renoviert und strahlt jetzt schneeweiß aus dem lichten Grün, das sie umgibt, heraus.

Der Wald leuchtete hell und golden an diesem Nachmittag. Die Blätter der Buchen hatten noch nicht begonnen, sich zu verfärben, doch das Licht war schon von herbstlicher Klarheit, und in der Luft lag ein leiser, kühler Unterton. Am Rückweg stolperten wir buchstäblich über den großen Schirm eines Pilzes. „Ein Parasol“, rief ich. „Und dort noch einer“, rief Julian. Vom Sammelfieber gepackt, schwärmten wir aus und hatten innerhalb einer halben Stunde gut zwei Dutzend schönster Parasole gesammelt. Wir knüpften aus unseren Jacken große Säcke, legten die Pilze vorsichtig hinein und trugen unsere Beute zurück zur Festgesellschaft.

Noch für denselben Abend wurde ein Pilzessen anberaumt, das auf Lydias Dachterrasse im zweiten Bezirk stattfand. Von dort sieht man abends auf das beleuchtete Riesenrad im Prater, der gleich in der Nähe liegt. Wir aßen unsere in Butter gebratenen Parasole. Wir schauten aufs Riesenrad und sprachen über das Pratermuseum. Schnell hatten wir uns geeinigt, dass es unter den kleinen, feinen Museen Wiens eins der feinsten ist. Es erzählt vom Park und den Auen des Praters, aber auch vom historischen Wurstelprater mit seiner Schaustellerei, seinen Ringelspielen und seinen makabren Menschenschauen. Eine dieser menschlichen Attraktionen waren Haarmenschen wie „Lionel, der Löwenmensch" oder „Jojo, der Pudelmensch". „Im Pratermuseum hängt auch ein Bild von Miss Julia Pastrana, der Bartdame, in einem rosa Ballettkleidchen und mit üppigem Vollbart", berichtete Lydia, „sie war zu ihrer Zeit eine Weltberühmtheit und hatte ein trauriges Schicksal. Sie starb bei der Totgeburt ihres Kindes, das ebenfalls enorm behaart war. Ihr Mann und Impresario – das muss man sich einmal vorstellen! – sah im wahrsten Sinn des Wortes seine Felle davonschwimmen und ließ seine tote Frau und sein totes Kind einbalsamieren. Gegen Eintritt stellte er sie weiter aus. Als die beiden schließlich zu faulen begannen, ließ er sie ausstopfen und verkaufte sie ans Präuer'sche Panoptikum im Wiener Prater, wo sie bis 1884 zu sehen waren."

Wir hatten während der Erzählung nicht auf Julian geachtet. Der Bub war blass geworden, die zweite Portion Pilze auf seinem Teller rührte er nicht mehr an. Dann ging es los. „Kann man Parasole eigentlich mit irgendetwas verwechseln?“, fragte er vorsichtig. Kurz danach fragte mich seine Mutter: „Nicht, dass ich mir unsicher wäre, aber hast du dir jeden Parasol, den Julian gepflückt hat, auch genau angeschaut?“ „Ich weiß wie Parasole aussehen, keine Sorge“, sagte ich überzeugt. Gleich darauf meinte Mia, einer ihrer Pilze sei ihr jetzt im Nachhinein ein wenig bitter vorgekommen. Fünf Minuten später stand Lydia auf und rief die Vergiftungszentrale an. „Nur zur Information“, meinte sie. Dort ließ man sie wissen, ihr Sohn mache sich durchaus zu Recht Sorgen. Im Durchschnitt fände sich unter zwei Dutzend gesammelter Parasole nicht selten auch ein Knollenblätterpilz. Die ersten Vergiftungserscheinungen würden sich aber frühestens nach zwölf Stunden zeigen. Der Abend war gelaufen. Es half nichts, dass Adi anbot, zur Auflockerung einen Georg-Kreisler-Klassiker anzustimmen: „Schatz, das Wetter ist wunderschön/ da leid ich's nicht länger zuhaus'/ Heute muss man ins Grüne gehen/ In den bunten Frühling hinaus!/ Jeder Bursch und sein Mäderl/ sitzen heute im grünen Klee – Schatz, ich hab' eine Idee:/ Schau, die Sonne ist warm und die Lüfte sind lau!/ Gemma Tauben vergiften im Park!/ Die Bäume sind grün und der Himmel ist blau!/ Gemma Tauben vergiften im Park!“ Langsam kroch auch mir die Gruppenhysterie in die Glieder. Das mochte daran liegen, dass ich im Unterschied zu den anderen schon einmal eine Pilzvergiftung gehabt hatte. Die zwei Tage, die ich nach dem Genuss eines Speitäublings, den meine Mutter für einen Speisetäubling gehalten hatte, im Krankenhaus verbracht habe, gehören nicht zu den schönsten Erinnerungen meines Lebens. In der Nacht nach dem Parasolessen, das sich so abrupt aufgelöst hatte, wälzte ich mich schlaflos im Bett. Oh Gott, womöglich hatte ich doch meinen engsten Freundeskreis vergiftet – und ein Kind dazu! Ich war mir plötzlich nicht mehr hundertprozentig sicher. Und dann passierte das, was nach der allgemeinen Hysterie am unwahrscheinlichsten geworden war: nichts! Das Einzige, was tags darauf kam, waren Anrufe meiner verlegen kichernden Freunde. „Schwamm drüber“, sagte ich. Und zu dem hölzernen Sigmund-Freud-Hampelmann, der an meinem Fenster hängt: „Danke für die Lehrstunde.“ Ich zog an der Schnur. Der Freud-Hampelmann ließ spöttisch Arme und Beine in die Luft schnellen.

Es war Zeit für etwas Ablenkung. Wie so oft, wenn mir der Sinn nach Entspannung steht, machte ich einen Spaziergang auf den „Poldiberg“. Poldiberg ist ein privatsprachlicher Kosename für den Leopoldsberg, der am äußersten Wienerwaldrand oberhalb der Donau vor Klosterneuburg liegt. Er gehört zum Standardrepertoire der Wienerwaldspazierziele. Begeht man ihn allerdings vom sogenannten Kahlenbergerdörfl aus, das am Fuße seiner östlichen Flanke liegt, hat man den Aufstieg durch die Weingärten und durch den Buchenwald oft ganz für sich allein, weil es von dort aus ziemlich steil hinauf geht. Im Kahlenbergerdörfl, in dem es ein paar schöne Häuser aus dem 18. Jahrhundert gibt und eine winzige, steile Stiegengasse, die den wunderbaren Namen „Hirnbrecherstiege" trägt, steht auch eine Linde, die an Franz Schubert erinnert. Sie wurde 1997 gepflanzt: „In Erinnerung an die 200. Wiederkehr des Geburtstages von Franz Schubert am 31. Jänner 1797 und der Uraufführung des Liedes ‚Leise flehen meine Lieder …' am 8. August 1828 im Kahlenbergerdorf vor dem Haus Zwillinggasse 1." Es ist schon erhebend zu wissen, dass dieses Lied zum allerersten Mal hier gespielt wurde.

Auf halbem Weg hinauf auf den Leopoldsberg liegt mitten in den Weinbergen ein kleiner Heuriger mit grünen Biergartentischen und -bänken. Dort soll man getrost einkehren und im Garten sitzend um sich blicken. Die Heurigenkultur in Wien ist eine seltsame Sache: Es gibt sie in ihrer organisierten Touristen-Massenabfertigungsform in Riesenheurigen mit viel Tamtam und Klischee.

Und es gibt sie in ihrer ganz alltäglichen, selbstverständlichen, von allen genutzten Form. Das „Gemma zum Heurigen!" gehört hier wirklich zum Normalsten auf der Welt. Man muss sich nur einen winzigen Schritt abseits der Grinzinger Touristenpfade halten und schon sitzt man entspannt und ohne große Menschenaufläufe inmitten der bezauberndsten Innenhöfe und Weingärten. Nichts gegen Grinzing, aber den Menschenmassen, die täglich dorthin gekarrt werden, damit sie dem jungen Wiener Wein zusprechen, sich am Heurigenbuffet anstellen und sich womöglich auch noch von Heurigen-Schrammelmusik andüdeln lassen, kann man wirklich ganz leicht entkommen. Es gibt da zum Beispiel den Heurigen Zawodsky gleich unweit der Kaasgrabenkirche im 19. Bezirk. Er ist einer der schönsten Heurigen überhaupt. Das liegt sicher nicht am Haus selbst, das ein recht herzlos aussehender Neubaukasten ist, sondern am Garten. Beim Zawodsky, der ausschließlich Weine aus Eigenbau serviert, stehen die Tische buchstäblich mitten im Weingarten. Einige stehen auch unter alten Obstbäumen. Besser geht's eigentlich nicht. Und er hat ein sehr gutes, ideal klassisches Wiener Heurigenbuffet, das von Traditionsgerichten wie Kümmel- und Schweinsbraten über scharfen und milden Liptaueraufstrich und Bratlfettbrote bis zu Apfelstrudel reicht.

Es gehört zu den Vorzügen Wiens, dass man immer ganz leicht hinaus kann ins Grüne. Das Grüne ist nie weit. Das liegt an den Weinbergen am Stadtrand, die Wien – so sagt man – zur Stadt mit dem weltweit größten Flächenanteil an Weingärten macht, das liegt am Wienerwald, am Prater, dessen Hauptallee die Haupt-Laufstrecke der ganzen Stadt ist, an der Donauinsel und schließlich an den vielen Parks und Gärten. In ihnen zeigt sich das imperiale Erbe der Stadt auf die angenehmste Weise. Nehmen wir zum Beispiel den Burggarten in der Stadtmitte, der ein 38.000 Quadratmeter großes Gebiet zwischen Ringstraße, Hofburg und Albertina umfasst. Ein zeitgenössischer Chronist schilderte den – nunmehr ehemaligen – Privatgarten des Kaiserhauses im Jahr 1824 so: „An der Seite, wo der Pallast (…) sich befindet, prangt herrlich der Kaisergarten. Gewächse und Bäume des Inlandes und aus weiter Ferne geholt, werden da gepflegt, und ihr mannigfaltiges Grün schmeichelt dem Organe des Gesichts, und die Lüfte tragen den Duft der Blumen und Kräuter weit umher." Der Burggarten ist ein englischer Landschaftspark im Kleinen, in dem sich modellierte Wiesenflächen und kleine Baum- und Strauchgruppen um einen in einer zentralen Senke liegenden Teich gruppieren. Betritt man ihn vom Ring her, stößt man sogleich auf ein Mozart-Denkmal, das meistens von knipsenden

Menschen belagert wird. Auf der Wiese davor blüht im Frühjahr und Sommer ein aus bunten Stiefmütterchen gefügter Riesen-Notenschlüssel. Darum beneiden uns die Salzburger sicher brennend!

Viel interessanter aber sind andere Blüten, die der Burggarten zu bieten hat. Auf einem Wiesenstück gleich rechts vom Ringstraßeneingang wächst eine Gruppe jahrzehntealter chinesischer Strauchpfingstrosen. Sie blühen im Mai. Ihre dicken, kinderfaustgroßen, runden Knospen öffnen sich zu gewaltigen Blüten in allen Schattierungen von Weiß bis zu intensivem Pink und Rosa. In meiner Familie hat es Tradition, zur Blütezeit dorthin zu pilgern und staunend vor diesen Riesenblumen zu stehen. Die schönste Sorte trägt den Namen „Paeonia rockii“. Ihre Blüten sind weite, im Wind zitternde, filigrane Schalen aus rosa überhauchtem Weiß, in deren Mitte sich brombeerfarbene Basalflecken rund um die gelben Staubgefäße zu einem zentralen Stern fügen. Kaum jemand weiß, dass die „Paeonia rockii“ ihren Namen einem aus Wien stammenden Forschungs- und Entdeckungsreisenden verdankt. Er hieß Josef Rock (1884–1962) und war ein rarer Vogel mit phänomenalem Gedächtnis, einer außergewöhnlichen Sprachbegabung und dem aufbrausenden, narzisstischen Temperament einer Primadonna. Unter seinem amerikanisierten Namen Joseph F. Rock kennen ihn Tropenbotaniker als

Autor eines bis heute gültigen Standardwerks über die Flora Hawaiis. Später schrieb er Reisereportagen fürs „National Geographic Magazine“, die er in den 1920er-Jahren aus China schickte. Als Sohn eines Kammerdieners des Grafen Potocki war er als Zaungast im luxuriösen Wiener Ringstraßenmilieu aufgewachsen und hatte Zugang zur gräflichen Bibliothek. Die Schule interessierte ihn nicht, stattdessen brachte er sich selbst Chinesisch bei und trieb sich auf dem Naschmarkt herum, weil er sich von dem bunten, multikulturellen, vielsprachigen Milieu angezogen fühlte, das damals wie heute dort herrscht. Er wollte Entdecker werden. Mit 18 kehrte der Schulabbrecher Wien den Rücken, lebte lange auf Hawaii, wo er es – nicht zuletzt durch Vortäuschung eines nie erworbenen Doktortitels – zum Universitätsprofessor der Botanik brachte und ein riesiges Herbarium anlegte. Danach setzte er über nach China, dessen unzugängliche südwestliche Provinzen er die nächsten drei Jahrzehnte seines Lebens in tollkühnen und ungeheuer ergiebigen botanischen und geografischen Forschungsreisen durchstreifte. Stets begleiteten ihn dabei eine Faltbadewanne von Abercrombie & Fitch, ein Grammophon mit Opernschallplatten und ein einheimischer Koch, dem er beigebracht hatte, österreichische Speisen zuzubereiten. In manchen Teilen Chinas, erzählte mir einmal ein Historiker, kenne ihn bis heute jedes Kind, und Straßen und Plätze tragen seinen Namen. Verbürgt ist jedenfalls, dass über 120 Pflanzen seinen Namen tragen, entweder weil er sie entdeckt hat oder weil man sie nach ihm benannte. Feststeht auch, dass Josef Rock Tausende asiatische Pflanzen erstmals im Westen eingeführt hat.

Ein anderer besessener Sammler wirkte nicht sehr weit vom Burggarten entfernt im Schloss Belvedere: Prinz Eugen von Savoyen. Der berühmteste Feldherr des Hauses Österreich und siegreicher Bezwinger der Türken schickte Unterhändler aus, die ihm von überall her Interessantes zutrugen. Er war ein typisches Kind seiner vom Sammelfieber befallenen Epoche der riesigen Kunst- und Wunderkammern. Dem kunstbeflissenen Prinzen verdanken wir auch den Park des Schlosses Belvedere, der eine der bedeutendsten barocken Gartenanlagen Europas ist. Gebaut wurde er à la mode. Ende des 17. Jahrhunderts hieß das natürlich im Stil der Schlossgärten von Versailles. Die Belvedere-Gärten zeugen von der barocken Vorstellung der Natur als vom Menschen beherrschtem und wohlgeordnetem Raum: Sichtachsen und geometrisch geschnittene Pflanzen, kunstvoll verschnörkelte Broderieparterres und weite Wasserbecken, perspektivische Fortsetzung der Innenräume des Schlosses in der terrassierten Anlage des Gartens. Der Garten mit seinen vielen Skulpturen und Brunnenfiguren lässt sich als symbolisch verschlüsseltes Loblied auf des kleinwüchsigen Prinzen Ruhm und Siege entziffern. Darin ließ er sich gleichermaßen als Apoll und als Herkules feiern. Den Joggern, die dort frühabends ihre Runden ziehen, fällt das vermutlich gar nicht auf. Viel eher denken sie wahrscheinlich an den Tisch im nächsten Heurigenweingarten, an den sie sich gleich nach dem Duschen setzen werden.

Liptaueraufstrich

Zutaten:
250 g Topfen
125 ml Sauerrahm
50 g Butter
4 kleine Essiggurkerln
1 kleine Zwiebel
1 TL Kapern
2 TL Estragonsenf
1 TL Sardellenpaste
1 TL Paprikapulver (edelsüß)
Kümmel (ganz)
Salz, Pfeffer
Worcestersauce

Zwiebel, Essiggurkerln und Kapern fein hacken. Mit dem Topfen, der handwarmen Butter, dem Sauerrahm und allen übrigen Zutaten vermengen und abschmecken. Ein kleiner Tipp: Eventuell kann ein wenig Essiggurkerl-Marinade den Geschmack noch verfeinern. Wollen Sie den Liptauer etwas schärfer, können Sie anstelle des edelsüßen Paprikapulvers scharfes verwenden.

Zum Anrichten mit etwas gehackter Petersilie oder mit Schnittlauch bestreuen.

Kümmelbraten

Zutaten:
1–1,5 kg Schweinsbauch
300 g gehackte Schweinsknochen
4–5 Knoblauchzehen, gepresst
Kümmel (ganz)
etwas dunkles Bier und Wasser zum Aufgießen
Salz

Kümmelbraten ist wie Liptauer ein Heurigenklassiker. Dafür wird die Schwarte eines Schweinsbauchs in Halbzentimeterabständen quer zur Faser geschröpft (eingeschnitten). Danach mit dem gepressten Knoblauch, Salz und viel Kümmel rundherum gut einreiben. Die Schweinsknochen in einen Bratentopf geben, ein wenig dunkles Bier und Wasser hinzugeben, den Schweinsbauch auf die Knochen legen und in das auf 200 Grad vorgeheizte Backrohr schieben. Das Fleisch etwa alle 20 Minuten mit dem eigenen Saft übergießen. Die Backrohrtemperatur nach ungefähr einer Stunde auf 140 Grad reduzieren und das Fleisch weitere ein bis zwei Stunden braten lassen. Kurz vor Ende der Garzeit das Backrohr auf starke Oberhitze einstellen, damit die Schwarte knusprig wird.

Den fertigen Kümmelbraten aus dem Topf nehmen und warm stellen. Den Bratensaft eventuell mit Salz und Suppenwürze abschmecken.

Der Kümmelbraten wird in Scheiben geschnitten mit etwas Bratensaft serviert. Als Beilagen eignen sich vorzüglich Semmelknödel, warmer Krautsalat oder Sauerkraut.

Genauso gut schmeckt der Kümmelbraten kalt. Klassischerweise serviert man ihn dann mit Senf, geriebenem Kren und Schwarzbrot.

Der erkaltete und gestockte Bratensaft wird beim Heurigen auch gern als Aufstrich angeboten; als sogenanntes „Bratlfettbrot“ mit Zwiebelringen.

Blunz'ngröstel

Zutaten für 4 Personen:
4 Blunz'n (pro Stück ca. 200 g)
2 mittelgroße Zwiebeln
¾ kg speckige Erdäpfel
Öl oder Schweineschmalz zum Braten
Majoran
Kümmel (ganz)
Salz, Pfeffer

Die Erdäpfel in der Schale weich kochen, schälen und in dünne Scheiben schneiden. Die Zwiebeln klein hacken und in wenig Öl (oder Schmalz) glasig werden lassen. Nun die Erdäpfelscheiben und die Gewürze untermischen und alles gut durchrösten. Beiseitestellen. In einer Pfanne Öl (oder Schmalz) erhitzen und die enthäuteten, in Scheiben geschnittenen Blutwürste darin knusprig braten. Danach das Erdäpfel-Zwiebel-Gröstel untermischen und servieren. Als Beilage zum Blunz'ngröstel passt am besten Sauerkraut.

Das ziegelrote Wien

Onkel Gert und Tante Reni, die Favoritener Ziegelteiche und der Böhmische Prater. Ein Ausflug in den „10ten Hieb“, die traditionelle Hochburg des „Roten Wien“.

Morgens erschien Onkel Gerts raumfüllende Silhouette im Türrahmen und sein Donnerbass schmetterte ins Kinderzimmer: „Tagwache! In fünf Minuten Bettenkontrolle!“ Gert grinste. „Auf, auf, ihr Hasen! Hört ihr nicht die Jäger blasen?“, dröhnte er weiter. Gert war ein großer Freund blöder Sprüche. Wir wälzten uns aus dem Bett und schleppten uns verschlafen in die Küche, wo Gert bereits das Frühstück vorbereitete. „Gert, ich will ein Ei“, sagte meine Cousine Nani, Gerts Tochter. „Ich glaub, ich nehme heute einen Knoblauchtoast“, sagte ich. „Gert, ich esse eine gegrillte Knacker“, sagte mein Bruder Andi. „Und ich mag einen Schinken-Käse-Toast“, sagte mein Cousin Christoph, der Sohn von Gerts Schwester Trude.

Knoblauchtoast oder Grillwurst zum Frühstück waren natürlich ein revolutionärer kulinarischer Ausdruck von äußerster kindlicher Freiheit. Bei Onkel Gert und seiner Frau, meiner Tante Reni, herrschten für uns paradiesische Zustände. Wir konnten bei ihnen tun und lassen, was wir wollten.

Wir waren jederzeit willkommen. Ihre Tür stand jahrein, jahraus sperrangelweit offen – als wir Kinder waren und zu ihnen nach Wien auf Besuch kamen, und auch später, als wir selbst schon in Wien lebten und hier studierten. Wir liebten sie. Und wir beneideten unsere Cousine Nani, die das ganze Jahr über in diesem Paradies lebte. Gert sagte: „Mein Kindl darf alles." Das Kindl war heilig und genoss das, was man in den akademischen Kreisen der 1970er- und 1980er-Jahre wohl als antiautoritäre Erziehung bezeichnet hätte. Tante Reni, die Lehrerin gewesen war und später auf einem winzigen Schreibtisch und umtost von Gruppen tobender Kinder, von denen nur ein einziges ihr eigenes war, die Seminararbeiten für ihr Pädagogikstudium schrieb, pflegte sich augenzwinkernd auf den Wiener Pädagogikreformer und ehemaligen Leiter der Wiener städtischen Fürsorgeanstalten August Aichhorn (1878–1949) und dessen erzieherischen Leitspruch „mit absoluter Milde und Güte" zu berufen. Als sein Patenkind war ich Gerts „Lieblingstaufnichterl", die Buben waren die „Lieblingsneffen" von Tante Reni. Und dann gab es noch Horden von Nachbarskindern, die regelmäßig bei Gert und Reni vorbeischauten. Manche dieser Kinder bekamen, wenn sie zu Hause etwas ausgefressen hatten, nicht etwa Hausarrest, sondern Gert-Besuchsverbot. Das galt als die härteste Strafe.

Solange ich mich erinnern konnte, wohnten Gert und Reni in Favoriten, Wiege und lange Zeit Hochburg des Roten Wien. Tante Reni nannte Favoriten auch gerne „10ter Hieb“, ein urwienerischer Ausdruck für Bezirk, über dessen etymologischen Ursprung verschiedene Theorien kursieren. Am plausibelsten klingt jene, dass die Wiener Stadtteile in der zweiten Hälfte des 19. Jahrhunderts wie mit Hiebschlägen zerteilt und zu neuen Verwaltungsbezirken zusammengefasst wurden. Favoriten jedenfalls wurde 1874 gegründet, als erster Wiener Bezirk außerhalb des Gürtels, und seinen eleganten Namen verdankt der Inbegriff des Arbeiterbezirks ausgerechnet einem ehemaligen kaiserlichen Sommerschloss im vierten Bezirk, dem heutigen „Theresianum“, das früher „die Favorita“ genannt wurde. Nachdem die Favoritenstraße direkt am Schloss, in dem heute die Diplomatische Akademie untergebracht ist, vorbei aus der inneren Stadt hinaus bis in den zehnten Bezirk führt, lag es womöglich nahe, den roten zehnten Hieb mit dem mondänen Namen Favoriten zu bedenken.

Um zu Gert und Reni zu kommen, nahm man erst einmal die U1 bis zum Reumannplatz, dem geschäftigen Zentrum von Favoriten. Der Platz ist nach Jakob Reumann benannt, der 1919 zum ersten sozialdemokratischen Bürgermeister Wiens gewählt wurde. Reumann war ein wesentlicher Träger der sozialreformerischen Gemeindepolitik des legendären Roten Wien. Diese umfasste vor allem große Gemeindewohnbauprojekte, Bildungsinitiativen und ein weitreichendes Fürsorge- und Gesundheitsprogramm. Der Reumannplatz und seine Umgebung lassen sich wie eine zu Architektur gewordene Fassung sozialdemokratischer Stadtentwicklungsgeschichte lesen: Zweihundert Meter vom Reumannplatz die Favoritenstraße hinunter liegt der Viktor-Adler-Platz mit dem gleichnamigen Markt, der an den großen österreichischen Gründervater der sozialdemokratischen Arbeiterpartei Viktor Adler erinnert. Den Reumannplatz selbst dominiert der riesige Art-déco-Bau des Amalienbads, errichtet zwischen 1923 und 1926 und benannt nach der sozialdemokratischen Gemeinderätin Amalie Pölzer. Der imposante, mehrstöckige Tempel proletarischer Badekultur mit seinen mosaikverzierten Innenwänden, den eleganten Ornamenthandläufen und dem gewaltigen gewölbten Glasdach über dem Hauptschwimmbecken war bei seiner Eröffnung eines der größten Volksbäder Europas. Es stand nicht nur für die Macht der Sozialdemokratie, sondern auch für stilvolles städtisches Bauen im Dienste der Arbeiterschaft und gilt nach wie vor als eines der wichtigsten Baudenkmäler Wiens. Ab und zu gingen Tante Reni und ich dort in die Sauna. Wir saßen im Dampfbad in einem warmen, milchigen Nebel, der sich in Hunderten kleinen Wassertröpfchen auf den blaugrünen Wandfliesen absetzte, und plauderten. Reni lachte ihr lautes, meckerndes Lachen, streckte ihre langen, schlanken Beine genüsslich aus, redete wie ein Wasserfall und stand nach spätestens einer halben Stunde mit gut der halben Besucherschaft des Dampfbades auf vertrautem Fuß.

Nach der Sauna stiegen wir dampfend in die Straßenbahn und fuhren bis zur Neilreichgasse am Wienerberg. Dort, im Karl-Wrba-Hof, einer riesigen, terrassierten, festungsartigen Wohnhausanlage mit Dutzenden Stiegen und Innenhöfen, lag Renis und Gerts Wohnung. „Gesunde Wohnungen – Glückliche Menschen“ verkündet auch heute noch eine Tafel beim Eingang Sahulkastraße, die den Karl-Wrba-Hof als Teil des sozialen Wohnungsbaus der späten 1970er- und frühen 1980er-Jahre preist.

Die Wohnung hatte drei Zimmer, die mir als Kind groß und später ziemlich eng erschienen, und eine verbaute Loggia, auf der Gert einen Teil der Sammelstücke verstaute, mit denen er die Wohnung im Lauf der Zeit zu einer Art bewohntem Hindernisparcours umgestaltete. Onkel Gert hatte eine brennende Leidenschaft, die bei uns unter dem Begriff „Mist-Stierln“ lief, wobei „stierln“ ein wienerischer Ausdruck für „stochern“ ist. Regelmäßig schwärmte Gert aus, um in den Abfalltonnen und

Müllcontainern der Umgebung nach Brauchbarem zu suchen. Als brauchbar galt ihm alles, was repariert oder durch Umbau einem neuen Zweck zugeführt werden konnte, und Gert konnte so gut wie alles reparieren. Solange er noch als Sportartikelverkäufer arbeitete, hielt sich dieses kleine Hobby in annehmbarem Rahmen. Später aber, als er – obwohl erst in seinen frühen Fünfzigern – aufgrund seines schweren Asthmas, eines kaputten Hüftgelenks und deutlichen Übergewichts dem Arbeitsamt als „unvermittelbar“ galt und von der Arbeitslosenhilfe über den Langzeitkrankenstand geschmeidig in die Frühpension hinüberglitt, hatte er enorme Mengen Tagesfreizeit und konnte seinem Sammlertum uneingeschränkten Lauf lassen.

Als Rezept gegen den Hüftschmerz verschrieb er sich ein tägliches frühmorgendliches Bad in kochend heißem Wasser. Danach stemmte er unter Ächzen und Schnaufen seinen langustenroten Riesenleib aus der Badewanne und zog sich an. Kraft seines handwerklichen Geschicks hatte er aus einem Ski-Stock und einer großen Metallklemme eine Vorrichtung gebastelt, die ihm als Armverlängerung diente und mit deren Hilfe er sich – trotz Knie- und Hüftversteifung – die Socken anziehen konnte. Gewohnheitsmäßig trug er eine weite Jogginghose, die ausreichend Platz ließ für seinen enormen Bauch, und breite Turnschuhe mit Klettverschluss. Begleitet von seiner heiß geliebten Hündin Lotte, einem fidelen Schäfermischling aus dem Tierheim am Meidlinger Khleslplatz, begab er sich auf seine Spaziergänge. Mit einem lauten „Servas Oida!" grüßten ihn die Cliquen der Jugendlichen, die sich auf den Bänken des Gemeindebaus herumfläzten – die meisten genauso wie Gert adjustiert in Jogginghosen, die in ihrem Fall allerdings auf den regelmäßigen Besuch von Fitnessstudios und Krafträumen verwiesen. Es war offensichtlich: Gert war eine Autorität, Gert genoss Respekt. Ich fühlte mich sicher wie in Abrahams Schoß an der Seite dieses asthmatisch keuchenden, hinkenden, heiteren Riesen mit dem welligen, zu einem Zopf zusammengebundenen Grauhaar und dem grauweißen Rauschevollbart, hinter dem zwei riesige gelbe Hasenschneidezähne hervorlugten. Er war gutmütig und von endloser Geduld, vor allem gegenüber Kindern und Jugendlichen aller Altersklassen. Gleichzeitig war er stur wie ein Ziegenbock. Er verließ sich stets auf seine eigene Beurteilung der Lage, und es hätte vermutlich der Kraft einer atomaren Lenkwaffe bedurft, um ihn auch nur einen Zentimeter weit aus dem Orbit seines beschwingten Eigensinns herauszusprengen. Von manchen Dingen war er nicht abzubringen. Eben zum Beispiel vom Mist-Stierln: Also lagen auf seinem Wohnzimmertisch ölige Automotoren oder abgehalfterte Radios, die er wieder in Schwung brachte. Bei jedem Besuch verteilte er eigenhändig reparierte Staubsauger oder Plattengriller oder bot uns grauenhaft hässliche Beleuchtungskörper an, die er aus gefundenen Lampenschirmen und strohverkleideten Ballonweinflaschen zusammengebastelt hatte.

Das änderte sich auch nicht, nachdem ihn ein zufallender Müllcontainerdeckel einmal beinahe guillotiniert hätte. Gert sammelte und ging dabei mit dem Hund „äusserln“ – ein schöner, sich beinah vollständig selbst erklärender Ausdruck für „mit dem Hund hinausgehen“. Von der Neilreichgasse führte Gerts tägliche Hunde-Äusserl-Strecke quer durch eine Schrebergartensiedlung zum Gelände des großen Wienerberg-Ziegelteichs. Wenn wir im Sommer dort spazieren gingen, wehte uns schon von oben ein angenehm würziger Geruch von Grillkoteletts entgegen.

Seit den 1970er-Jahren ist dieses weitläufige, hügelige Gelände mit dem großen, in einer zentralen Senke gelegenen Ziegelteich ein sogenanntes „städtisches Naherholungsgebiet“ mit Wiesen, gewundenen Wegen, niedrigen Laubwäldchen und einem breiten Schilfgürtel rund um den Teich. Auch wenn dieser Teich offiziell nicht als Badeteich zugelassen ist, ist dort immer wild gebadet worden. Mitte der 1990er-Jahre wurde ein Teil des Gebiets sogar in eine Landschaftsschutzzone mit einigen der selten gewordenen Steppentrockenrasenflächen umgewandelt, die sich auf dem lehmigen Untergrund entwickelt hatten. Das Ziegelteichgebiet am Wienerberg ist nicht ganz leicht zu beschreiben: Es ist kein Park, denn dafür ist es ist viel zu groß, naturbelassen und wild. Gleichzeitig ist es aber auch keine unberührte Wildnis. Eigentlich sieht man ihm an, worum es sich handelt: Ein ehemaliges Industriegelände, das sich die Natur – von Menschenhand unterstützt – zurückerobert hat.

Und damit ist man mittendrin in der Geschichte des Bezirks Favoriten. Die großen Grünflächen am Wienerberg und am nahe gelegenen Laaerberg sind die ehemaligen Gelände der großen Ziegelwerke, die über lange Zeit die Sozialgeschichte Favoritens prägten. Die lehmhaltige Erde an den südlichen Ausläufern der Stadt hatte schon unter Kaiserin Maria Theresia zur Gründung des ersten Ziegelwerks geführt. Seinen großen Aufschwung aber nahm Favoriten in der zweiten Hälfte des 19. Jahrhunderts. Eine ganze Reihe von großen Industriebetrieben siedelte sich hier an, etwa die Süßwarenfabrik der Gebrüder Heller, die als Erfinder des Dragées gelten und deren berühmtester Nachfahre der Multimediakünstler André Heller ist, oder die Ankerbrot-Fabrik, deren von Pferden gezogene Lieferwägen über Jahrzehnte das Straßenbild in ganz Wien mitbestimmten. Inzwischen sind sie längst den nicht minder omnipräsenten Ankerbrot-Verkaufsfilialen gewichen. Vor allem aber intensivierten die Wienerberger Ziegelwerke in dieser Zeit ihre Geschäftstätigkeit. Der Markt für Ziegel stieg sprunghaft an, weil für den Bau der großen Prachtbauten der Ringstraße Millionen von Ziegeln vonnöten waren. Der Bauboom ging mit einer Zuwanderungswelle einher. Die meisten der Arbeiter, die sich in Favoriten niederließen, kamen aus den Kronländern der Monarchie, vor allem aus Böhmen. Die „Ziegelböhmen" – oder eigentlich „Ziaglbehm" – prägten fortan den Bezirk und seine Geschichte.

Sie lebten und arbeiteten unter verheerenden Bedingungen: zusammengepfercht in Substandardunterkünften, durch die – eigentlich verbotene – Tauschhandelsstruktur des Trucksystems in vollständiger, beinah sklavenähnlicher Abhängigkeit von ihren Arbeitgebern gehalten. Denn anstelle eines Geldlohns erhielten die Arbeiter Blechmarken, die sie nur bei einem bestimmten Kantinenwirt einlösen durften. Die Wirte nutzten die Zwangslage der Arbeiter gehörig aus. Es überrascht also kaum, dass die Sozialdemokratie ausgerechnet in diesem Umfeld rasch großen Zuspruch fand. Viktor Adler war es, der sich besonders für die Rechte der „Ziaglbehm" starkmachte. 1888 veröffentlichte er einen Artikel zur „Lage der Ziegelarbeiter“: „Für die Ziegelschläger gibt es elende Arbeitshäuser. In jedem einzelnen Raum, sogenanntem ‚Zimmer‘ dieser Hütten, schlafen je drei, vier bis zehn Familien, Männer, Weiber, Kinder, alle durcheinander, untereinander, übereinander. Für diese Schlafhöhlen scheint die Gesellschaft sich noch ‚Wohnungsmiete‘ zahlen zu lassen.“ Die Missstände, deren es noch viele mehr gab, führten 1895 zu einem großen Streik der inzwischen wohlorganisierten Ziegelarbeiter, der schließlich in einer Verbesserung ihrer Arbeitsbedingungen mündete. Zum 1. Mai 1897 verkündete die „Arbeiter-Zeitung“: „Am Laaer Berg, im sogenannten Böhmischen Prater, wo die Ziegelarbeiter des Wienerbergs und der benachbarten Werke zusammenkamen, ging's nachmittags lustig zu. Feierten doch die Ziegelarbeiter nicht nur das Weltfest des Proletariats, sondern auch den Sieg, den (...) sie errungen hatten.“ Man hatte ihnen die Einhaltung des Elfstundentages und der Sonntagsruhe zugesichert, außerdem eine Erhöhung der Löhne und das endgültige Ende des erpresserischen Trucksystems.

Der Böhmische Prater am Laaer Berg wurde zu dem Ort, an dem die „Ziaglbehm“ ihre Freizeit verbrachten.

Es ist gerade Winterpause, als ich den Böhmischen Prater besuche. Die aus der Welt gefallene

Stimmung, die dann dort herrscht, hat ihren ganz eigenen Charme. Verschlafen und schneeüberzuckert liegen die Ringelspiele und die Märchenbahn, die abgedeckten hellblauen Tassen des Kaffeehäferlkarussells und der rote Straßenbahnwaggon der „Süßen Tram", der Heurige und das chinesische Restaurant. Es ist eine kleine Rummelplatzwelt; nicht nur im Winter sichtbar weniger lärmend, hektisch und hochtechnisiert als das laute Großvergnügungsterrain des Wurstelpraters im zweiten Bezirk. Hier in Favoriten hat man quasi einen Prater im Kleinen. Hier kann der Opa gemeinsam mit dem Enkerl fahren, was bei den schweren Maschinen im Wurstelprater oft nicht möglich ist. Der Böhmische Prater ist ein echter Familienprater. Gemütlich war es hier immer schon. Schaut man sich alte Postkarten aus der Zeit um 1900 an, sieht man eine weite, ungepflasterte Straße, im Hintergrund flache Holzhäuser und Bäume, im Vordergrund ein kleines Riesenrad und einen weiß gestrichenen Aussichtsturm. Die ersten Gasthäuser auf diesem Gelände entstanden aus den Werkskantinen der Wienerberger Ziegelwerke. Nach und nach siedelten sich immer mehr Wirte an. Die Schausteller folgten. Wie die Besucher des Böhmischen Praters stammten auch sie nicht selten aus Böhmen. 1886, fünf Jahre nach Gründung des Böhmischen Praters, vermerkte eine Vorstadtzeitung die Namen einiger hiesiger „Vergnügungs-Etablissementbesitzer“: „Bartonicek, Bezdek, Bocek, Budar, Dworacek, Klimes, Pokorny, Sklenarik, Swoboda, Wanya.“ Man war sozusagen unter sich.

Die Spuren dieses böhmischen Einflusses zeigen sich in Wien bis heute. „In den Namen des Wiener Telefonbuchs zum Beispiel“, lacht Tante Reni. Sie selbst wuchs mit einer böhmischen Großmutter auf, die „noch böhmakelte, was das Zeug hielt“. Abseits ihres tschechischen Akzents stand Renis Großmutter aber auch noch für etwas anderes, das zu den klassischen Böhmenklischees in Wien gehört: Sie war eine begnadete Köchin. Eine von vielen. Wo die berühmte Wiener Küche ohne all ihre fantastischen böhmischen Köchinnen und deren mitgebrachte Rezepte stünde, das ist wirklich nicht auszudenken!

Zu Zeiten der k.u.k. Monarchie spielten böhmische Köchinnen in wohlhabenden Wiener Haushalten eine zentrale Rolle. Es soll vor allem auf ihren segensreichen kulinarischen Einfluss zurückzuführen sein, dass Fruchtknödel aus Erdäpfelteig Eingang ins Standardrepertoire der Wiener Küche fanden.

Marillen- oder Zwetschkenknödel aus Erdäpfelteig

Zutaten für 4 Personen (ca. 12–14 Knödel):
12–14 Marillen oder Zwetschken
12–14 Stück Würfelzucker
150 g Semmelbrösel
150 g Butter
Zimt
Staubzucker

Für den Erdäpfelteig:
200 g mehlige Erdäpfel
200 g griffiges Weizenmehl
50 g Weizengrieß
2 Eier
etwas Salz

Die Erdäpfel sollten am besten am Vortag in der Schale weich gekocht werden und auskühlen. Schälen, durch eine Reibe passieren und mit allen übrigen Zutaten gut durchkneten. Den fertigen Teig vor der Weiterverarbeitung eine gute halbe Stunde rasten lassen.

Die Marillen bzw. Zwetschken entkernen und mit einem Stück Würfelzucker füllen.

Den Teig zu einer Rolle formen und in ca. 12 bis 14 gleich dicke Scheiben schneiden. Jeweils eine Marille oder Zwetschke auf eine flach gedrückte Scheibe geben, ganz mit dem Teig umhüllen und zwischen den Handflächen zu einem Knödel formen. Damit der Teig nicht klebt, empfiehlt es sich, die Handflächen immer wieder leicht mit Mehl zu bestauben.

Die fertig geformten Fruchtknödel vorsichtig in einen großen Topf mit schwach köchelndem Wasser einlegen und ca. 15 Minuten ziehen lassen. Dabei sollten die Knödel von Anfang an nicht am Topfboden kleben bleiben. Im Zweifelsfall lösen Sie sie durch leichtes Anstupsen.

Währenddessen Butter in einer flachen Pfanne zum Schmelzen bringen und die Bröseln darin goldbraun rösten. Mit Zimt und Staubzucker abschmecken.

Die fertigen Knödel in dem Bröselgemisch wälzen und mit Staubzucker bestreut servieren.

Varianten: Erdäpfelknödel ohne süße Füllung eignen sich hervorragend als Beilage zu Schweins- oder Kümmelbraten oder auch zu Wildgerichten. Dazu formt man aus den Teigscheiben einfach ganze Knödel und lässt sie ca. 20 Minuten im schwach kochenden Wasser ziehen.

Gefüllte Paprika mit Paradeissoße

Zutaten für 4 Personen:

Für die gefüllten Paprika:

8 grüne Paprika

400 g gemischtes Faschiertes (Rind und Schwein)

200 g gekochten Reis

1 mittelgroße Zwiebel

1 gepresste Knoblauchzehe

1 EL gehackte Petersilie

Majoran

Salz, Pfeffer

Für die Paradeissoße:

1 kg Paradeiser (oder Tomaten aus der Dose)

1 Zwiebel, klein gehackt

50 g Mehl

Salz

Zucker

etwas Öl

Die Stiele der Paprikaschoten entfernen und an der Stielseite einen Deckel abschneiden. Die Paprika gut entkernen und gründlich auswaschen. Die klein gehackte Zwiebel in Öl anrösten, mit dem gepressten Knoblauch, der Petersilie, Majoran, Salz und Pfeffer würzen und mit dem Faschierten und dem vorgekochten Reis vermischen. Die Masse in die Paprika füllen und die abgeschnittenen Deckel wieder auf die Schoten setzen.

Für die Paradeissoße die fein gehackte Zwiebel in Öl anschwitzen, mit Mehl stauben und kurz durchrösten. Die Paradeiser waschen, vierteln und dazugeben. Gut verkochen lassen, mit Salz und Zucker würzen und durch ein Sieb pressen. In Wien wird die Paradeissoße traditionell etwas stärker gesüßt.

Nun die gefüllten Paprikaschoten aufrecht in eine ausgefettete Kasserolle einsetzen und im vorgeheizten Backrohr bei ca. 180 Grad 20 Minuten lang anbraten. Danach die Paradeissoße zugießen und die Paprika eine weitere halbe Stunde lang fertig dünsten.

Die klassische Beilage zu gefüllten Paprika mit Paradeissoße sind Salzerdäpfel.

Reisfleisch

Zutaten für 4 Personen:
600–700 g ausgelöste Kalbsschulter
oder Kalbsvögerl (oder kostengünstiger
Schweinsschulter)
200 g Langkornreis
2 mittlere Zwiebeln
2 EL Paprikapulver (edelsüß)
1,5 l Rindsuppe
2 Knoblauchzehen, gepresst
3 EL Sauerrahm
1 EL Mehl
4 EL Öl
Salz, Pfeffer
geriebener Hartkäse (am besten Parmesan)

Die gehackten Zwiebeln in Öl anschwitzen, mit dem Paprikapulver bestauben, kurz durchrösten und mit der Suppe aufgießen. Das Fleisch in Würfel von ca. zwei Zentimetern Durchmesser schneiden und in einer Pfanne mit erhitztem Öl von allen Seiten anbraten. Salzen und pfeffern. Danach das Fleisch und den gepressten Knoblauch in den mit Suppe gefüllten Topf geben und zugedeckt dünsten lassen. Nach ca. einer Stunde Kochzeit 0,3 Liter vom Saft abschöpfen und für später aufheben. Jetzt wird der Reis dazugegeben und alles zugedeckt bei kleiner Flamme so lange weitergedünstet, bis der Reis gar ist (ca. 20 Minuten).

Währenddessen den Sauerrahm mit dem Mehl verrühren, mit dem abgeschöpften Saft in einem kleinen Topf aufkochen lassen und warm stellen.

Das fertige Reisfleisch wird am besten mithilfe eines Suppenschöpfers halbkugelförmig auf einen Teller gestürzt, mit dem warm gestellten Saft umgossen und dem geriebenen Käse bestreut.

Das schwarze Wien

„Der Tod, das muss ein Wiener sein": Überprüfung einer Behauptung von Georg Kreisler anhand eines Ausflugs zum Hietzinger Friedhof und einer Reihe großmütterlicher Anweisungen für den Sterbefall. Dazu ein kleiner Abstecher an den Stadtrand zum Friedhof der Namenlosen.

Der großmütterliche Befehl lautete: „Keine unliebsamen Nachbarn auf meinem Begräbnis!" Sie hatte ihn – unversöhnlicher Racheengel bis zuletzt – mit Zitterschrift auf eine kleine blassgelbe Klebenotiz gekritzelt, die wir nach ihrem Tod, quasi als Nachtrag, außen schief aufgeklebt auf dem Transparenteinband ihrer von langer Hand für den Sterbefall vorbereiteten Begräbnismappe fanden. Nicht, dass wir je vorgehabt hätten, irgendwelche Nachbarn zu ihrem Begräbnis einzuladen.

Dem „Wiener Verein", diesem schon seit über 100 Jahren erfolgreich operierenden urwienerischen Dienstleistungsunternehmen für Todesvorbereitungsfragen, hatte sich meine Großmutter aus Überzeugung angeschlossen, eine Bestattungsversicherung unterzeichnet und ihr eigenes Begräbnis im Voraus gleich selbst bezahlt und organisiert. Die Polizzen und Dokumente fanden sich, mit großmütterlichen Unterstreichungen und Hervorhebungen in Rot versehen, in besagter Mappe.

Ich sehe sie vor mir: halb aufrecht, von Dutzendschaften von Polstern gestützt in ihrem Schlafzimmer. Jahrein, jahraus lag sie auf ihrem Krankenlager. Unterbrochen wurde diese Routine zumeist nur von Spitalsaufenthalten. „Ein medizinisches Wunder, Ihre Frau Mama“, sagte der Primar zu meinem Vater. „Von Amtswegen dürft' sie gar nicht mehr am Leben sein.“ Sie schlingerte jahrzehntelang nahe an der Todesgrenze entlang. Nennen Sie eine schwere, lebensbedrohliche Krankheit! Die Omama hatte sie sicher oder zumindest sicher schon hinter sich. Der nagende Dauerschmerz konturierte ihren schon von Natur aus kantigen Charakter und bescherte ihr einen scharfen Blick auf die Welt. Feine Rücksichtnahme war von ihr nicht zu erwarten. „Schnitzel ungenießbar!“, schrieb sie auf einen Zettel, den sie meinem Vater als kleines Dankeschön für ein Mittagessen hinterlegte, das er für sie in der tatsächlich äußerst feinen Fleischhauerei Schober in der Währinger Straße geholt hatte. „Schober nicht Sacher!“, schrieb mein Vater ungerührt zurück.

Die Großmutter lag in ihrem Bett, las, schrieb pathetische Gedichte und brütete vor sich hin. Herrlicher Sternparkettboden unter ihr, wunderbar ziselierter Stuck an der hohen Zimmerdecke über ihr, zur Zeit der Maiandachten hörte man nachmittags die Glocken der Votivkirche sanft herüber und vor den Fenstern leuchteten die sonnenlichtdurchschienenen Blütentrauben des Blauglockenbaums im Innenhof, den sie mit allergrößter Hartnäckigkeit behördlich zum Naturdenkmal hatte erklären lassen. Damit verhinderte sie, dass er dem geplanten Bau einer Tiefgarage zum Opfer fiel. „Verbrecher", fauchte sie, „lauter Verbrecher!" Der Blauglockenbaum, dozierte sie herrisch, stamme noch aus der Zeit des Glacis, jener freien, eben nur mit einigen Blauglockenbäumen bepflanzten Fläche, die vor den alten Stadtmauern Wiens gelegen habe, bis ab Mitte des 19. Jahrhunderts just hier rund um die Innenstadt auf kaiserlichen Befehl die Ringstraße mit ihren imposanten Palais und Prachtbauten errichtet worden war, darunter die Oper, die Universität, das Burgtheater, das Parlament, das Naturhistorische und das Kunsthistorische Museum.

In ihrem Bett umgaben die Großmutter stets alle wichtigen Tageszeitungen und politischen Zeitschriften, die sie akribisch studierte. Sie runzelte die Stirn, jeder Artikel konnte Anlass für eine Tirade sein. Gereizt blickte sie hinter ihren Brillengläsern hervor und murmelte Dinge wie „Die Unterkante der Mediokrität" oder „Hier steht es: die neue Regierung, eine Katastrophe. Dem Mann ist nicht zu widersprechen" oder schließlich, in angeekeltem Überdruss: „Na, und so geht's dahin …"

Vor Jahren, als sie noch besser zu Fuß war, hatte sie mich einmal zu einem Lehrausflug ans Familiengrab auf dem Hietzinger Friedhof zwangsverpflichtet. Da standen wir also, Schloss Schönbrunn mitsamt Park und Zoo im Rücken. Fast meinte man, von dort her die Löwen in ihren Gehegen brüllen zu hören. Ich dachte an eine Szene aus Michael Kehlmanns wunderbarer Sechzigerjahre-TV-Verfilmung des Joseph-Roth-Romans „Radetzkymarsch": Es ist der November des Jahres 1916. Die Nachricht vom bevorstehenden Tod Kaiser Franz Josephs treibt den alten Baron von Trotta, gespielt vom unvergleichlichen Leopold Rudolf, in der Kutsche hinaus zum Schloss Schönbrunn, in dem der greise Monarch seine letzten Atemzüge tut. Der Baron ist schwer gezeichnet vom Tod seines einzigen Sohnes Carl Joseph auf den Schlachtfeldern des Ersten Weltkriegs. Er steht auf der Parkseite im Nebel vorm Schloss, er trägt seinen Gehrock und den altmodischen Backenbart, den außer ihm nur mehr der sterbende Kaiser selbst für zeitgemäß hält. Er ist ein gebrochener, aber treuer Diener seines Herrn. Die akkurat getrimmten barocken Heckenwände der großen Allee, in der sich heute tagein, tagaus Abertausende von bunt gewandeten, heftig knipsenden Touristen herumtreiben, bilden in dieser langsamen Filmszene die gespenstische Schwarz-Weiß-Kulisse zur Trauer des Barons um eine dem Untergang geweihte Habsburgermonarchie.

Ein bisschen so fühlte es sich an, als die Großmutter und ich vorm Familiengrab standen und andächtig den glänzenden, schwarz-marmornen Grabstein betrachteten, dessen Oberkante sehr zum Missfallen der Omama von wächsern-weißen Harzflecken und -schlieren verunziert war, die von einer dusteren Fichte heruntertropften. Ich schaute, ich las: die Namen diverser, Jahrzehnte vor meiner Geburt verblichener Ahnen, die ich nur vom Hörensagen kannte. Dicke Goldlettern verzeichneten pflichtschuldigst auch über den Tod hinaus ihre Titel und Ränge in der kompliziert gewebten Wiener Welt von gestern: „Oberstabsarztenswitwe", „Rechtsanwalt", „Rechtsanwaltsgattin". Dann der Name meines Großvaters – auch er ein für mich Unbekannter und schon lange tot – und endlich, zuunterst in der Goldletternreihe, der Name der Omama selbst, die höchst lebendig neben mir stand, und darunter „13. 3. 1917 –". „Dreizehnter März neunzehnhundertsiebzehn bis …", murmelte ich verdattert. „Ihr müsst nur mehr das Sterbejahr einmeißeln lassen", sprach zufrieden und gut hörbar die Omama, und in ihrer Stimme schwang ein deutliches „Wenigstens dazu werdet ihr doch wohl imstande sein!" mit.

In meinem Kopf sang Georg Kreisler das berühmteste seiner schwarzen Chansons:

„Der Tod, das muss ein Wiener sein,
genau wie die Lieb a Französin.
Denn wer bringt dich pünktlich zur Himmelstür?
Ja, da hat nur ein Wiener das G'spür dafür.
Der Tod, das muss ein Wiener sein,
nur er trifft den richtigen Ton.
Geh Schatzerl, geh Katzerl, was sperrst dich denn ein?
Der Tod muss ein Wiener sein."

Vor Kurzem war ich wieder am Hietzinger Friedhof. Seit Großmutters Begräbnis vor ein paar Jahren war ich nicht mehr hierhergekommen und verirrte mich heillos zwischen Mausoleen, Grabreihen und Zypressen. Das Familiengrab fand ich nicht. Im Westen glühten schmale, orangeblaue Wolkenbänke im spätherbstlichen Abendlicht, bilderbuchmäßig krächzten ein paar Krähen im Flug über meinem Kopf. Ich ging zur Friedhofsverwaltung. Ein durchdringend nach Schweiß riechender, kettenrauchender Friedhofsbeamter suchte umständlich in seinem Computer nach dem Namen meiner Großmutter und händigte mir schließlich mit viel Sinn fürs Praktische einen vorgedruckten Zettel im Visitkartenformat aus, den er zuvor umsichtig von

Hand ausgefüllt hatte: „Friedhof Hietzing“ stand da, gefolgt von einer Telefonnummer, darunter ein kleines schwarzes Kreuz, dann „Name“, „Gruppe“, „Reihe“, „Nummer“. Der Familienname, den er eingetragen hatte, war auch mein eigener. Ich fand das Grab sofort. Durch einen seltsamen Zufall hatte ich auf den Tag genau den Todestag der Omama getroffen. Das hätte ihr gefallen, dachte ich und stand ein paar Minuten unschlüssig herum. Dann wandte ich mich zum Gehen. Einen Steinwurf entfernt las ich im Vorübergehen auf einem Grabstein den Namen „Tausig“. Mir fiel der große alte Burgtheater-Schauspieler Otto Tausig ein, der ein paar Jahre vor seinem Tod in seiner Dankesrede zur Verleihung des Österreichischen Ehrenkreuzes für Wissenschaft und Kunst gesagt hatte: „Vom Heesters wollen wir gar nicht reden, aber auch ich nehme meine Pensionseinkünfte schon zehn Jahre länger in Anspruch als mir zusteht. Zwar kann ich mit Nestroy sagen: Ich höre schon das Gras wachsen, in das ich beißen werde, aber zum Leidwesen des Finanzministers bin ich immer noch da.“ Auch das hätte der Omama gefallen. An guten Tagen mangelte es ihr durchaus nicht an Humor, dachte ich beschwingt, machte im Hinausgehen eine Wiener-Secessionisten-Ehrenrunde vorbei an den Gräbern von Gustav Klimt, Koloman Moser und Otto Wagner und stieß am Rückweg irrtümlich auf das übermannshohe Grabdenkmal von „Engelbert Dollfuss, Bundeskanzler". Ich ärgerte mich kurz, weil mir irgendwie der Zusatz „Bundeskanzler des austrofaschistischen Ständestaats" abging.

Tags darauf telefonierte ich mit Herrn Fuchs. „Ich spüre dem Tod in Wien nach", teilte ich ihm mit, was ihn keineswegs verblüffte, und bat um ein Treffen. Wir verabredeten uns für 11 Uhr 15 am Alberner Hafen. „Gleich hinter den großen alten Speichern und den gelben Silogebäuden", sagte Herr Fuchs. Es war ein strahlend sonniger, eisig kalter Tag. Als ich mich endlich mit dem Auto am Handelskai den ganzen Prater entlang und durch das Industriegebiet am Stadtrand an die äußersten Ausläufer von Simmering, dem elften Wiener Gemeindebezirk, gekämpft hatte und am Treffpunkt ankam, wartete Herr Fuchs schon rauchend und mit eingezogenen Schultern.

Josef Fuchs, ein großer, schlanker Mann mit Schnurrbart, kümmert sich um den Friedhof der Namenlosen. Vor ihm tat das sein Vater, davor sein Großvater – letzterer über 60 Jahre lang, bis zu seinem Tod 1996. „Wie kommt es, dass Ihre Familie ehrenamtlich seit Jahrzehnten diesen Friedhof pflegt?", fragte ich. Ruhig lächelnd antwortete Josef Fuchs: „Andere haben einen Schrebergarten, wir haben einen Friedhof." Den Friedhof der Namenlosen eben. In einer kleinen Senke des Hafengeländes liegt er, die Gräber dicht an dicht, mit schmiedeeisernen Kreuzen, alle geschmückt mit verwelkenden Chrysanthemen, die Herr Fuchs zu Allerheiligen von den Gärtnern der Umgebung für den Friedhof geschenkt bekommt. „Hier liegen Wasserleichen, Erschossene, Erhängte und Verunfallte. Der Großteil sind Selbstmörder, die sich in der Donau ertränkt oder in der Au erhängt haben", sagte Herr Fuchs. 102 Tote sind hier begraben, in ungeweihter Erde, versteht sich, und von vielen kennt man nicht einmal die Namen. „Bis zum Hafenbau hat die Donau sie aufgrund eines Wasserwirbels genau auf dieser Höhe, bei Stromkilometer 1918,3, ausgespuckt. 478 andere Tote liegen noch dort drüben, auf dem alten Friedhof", Herr Fuchs deutete in Richtung des nahen Donauufers, „er wurde um 1900 aufgelassen und hierher verlegt, weil die Donau ihn immer wieder überschwemmt hat." Seit 1940 werden hier keine neuen Toten mehr begraben. Mittlerweile steht der Friedhof unter Denkmalschutz. Er liegt abgelegen am Stadtrand und ist – ohne Auto – umständlich zu erreichen, und doch kommen in den letzten Jahren ziemlich viele Leute hierher. „Manchmal ganze Busse voll", sagte Herr Fuchs. Besonders seit Richard Linklaters Film „Before Sunrise" aus dem Jahr 1995. Darin unterhalten sich die beiden Hauptdarsteller, die Hollywood-Schauspieler Ethan Hawke und Julie Delpy, auf dem Friedhof der Namenlosen über den Tod und die Endlichkeit des Lebens. Genau zwischen den schmiedeeisernen Kreuzen, auf denen „Unbekannt", „Namenlos" oder „Ertrunken durch fremde Hand" steht.

Schon als Kind sei er immer mit seinem Großvater hierhergekommen und habe das heruntergefallene Laub von den Wegen und Gräbern weggerecht, erinnerte sich Herr Fuchs. Der Großvater habe erzählt: Von dem Morgen im Jahr 1933 zum Beispiel, als er zum Friedhof kam und auf dem Grab der Cäcilie Getler, die sechs Jahre zuvor in die Donau gegangen war, deren toten Sohn Oskar fand. Er hatte sich am Grab der Mutter erschossen. Der Großvater erzählte auch, wie er gemeinsam mit den Fischern und Jägern der Umgebung die gefundenen Toten in einem Schubkarren oder auf Tragen zur Totenkammer gebracht hatte, wo man sie untersuchte, zu identifizieren versuchte und fürs Begräbnis reinigte. Das kleine Totenkammerhäuschen steht immer noch am Rand des Friedhofs. „Ich sperre das Friedhofstor und die Totenkammer immer zu, wenn ich gehe. Sonst kann es passieren, dass irgendwelche Halblustigen und Verrückten kommen, die Kreuze aus dem Boden reißen und verkehrt herum wieder reinstecken oder den Schausarg aus der Totenkammer raustragen und ins Gebüsch werfen." Hundertfünfzig Meter weiter donauabwärts steht das „Gasthaus zum Friedhof der Namenlosen", wo in Peter Handkes Romanerzählung „Die Morawische Nacht" ein Welttreffen der Maultrommelspieler stattfindet. Es ist der passende Ort für eine Außenseiterzusammenkunft. Eine solche Zusammenkunft ist ja in gewisser Weise auch die der Begrabenen des Friedhofs selbst.

Hinter dem kiesgestreuten Gastgarten des Wirtshauses, wo man im Sommer aus dem kühlen Baumschatten zur Donau hinschauen und Fisch essen kann, beginnt die offene, grüne, helle Au. Hier nehmen weite Spazierwege entlang des Wassers ihren Anfang, stehen vereinzelt kleine Schrebergartenhäuschen und liegen Boote am Ufer. Es ist der einzige Ort, den ich kenne, an dem die so viel gerühmte blaue Donau – zumindest an sonnigen Spätherbsttagen – ihrem Ruf gerecht wird und auch tatsächlich blau ist. Strahlend blau sogar, mit weißen Tupfen, die sich bei näherem Hinsehen als Möwen entpuppen, die im Flusssand sitzen oder sich auf den Wellen treiben lassen. Irgendwie rechnet man damit, in der Ferne schon die Plattenbauhochhäuser der Vororte des kaum 50 Kilometer entfernten Bratislava zu sehen. Die Weite dieses Raums und seine heitere Schönheit kommen überraschend – besonders im Kontrast zur

Hafenanlage und dem kleinen Friedhof der Namenlosen mit seiner wunderlichen Gruselidyllenstimmung. Und doch passen sie zusammen.

„Dass den nicht einmal zwei Millionen Einwohnern Wiens allein auf dem Zentralfriedhof über drei Millionen Tote gegenüberstehen oder vielmehr gegenüberliegen, finde ich einen beunruhigenden Gedanken", sagte an diesem Tag beim Spaziergang in der Au mein Freund Adi. „Da haben es die 102 Selbstmörder auf dem Friedhof der Namenlosen gemütlicher", sagte ich. Adi blieb stehen und warf einen zufriedenen Blick über die Donauauen. „Es ist halt nicht egal, mit wie vielen Menschen man zusammenliegt", sagte er. „Und auch nicht, mit wie vielen man spazieren geht", sagte ich, und erzählte ihm eine Anekdote über Joseph II. Nachdem der Habsburgerherrscher nach dem Wiener Prater im Jahr 1775 auch die kaiserlichen Gartenanlagen des Augartens im zweiten Bezirk der Allgemeinheit zugänglich gemacht und ihr auch noch die einladende Inschrift „Allen Menschen gewidmeter Erlustigungs-Ort von Ihrem Schaetzer" übers Hauptportal geschrieben hatte, beschwerten sich einige Adelige bei ihm. Nun könnten sie nirgendwo mehr unter ihresgleichen spazieren gehen. Joseph II. schmetterte die Klage unter Anspielung auf die berühmte Begräbnisstätte der Habsburger in der Tegetthoffstraße im Stadtzentrum ab: Wollte er stets nur unter seinesgleichen bleiben, meinte er, müsste er in der Kapuzinergruft spazieren gehen.

Zanderfilet mit Letscho

Zutaten für 4 Personen:
4 Zanderfilets à 200 g
frischer Rosmarin
1 EL Butter
Salz, Pfeffer

Für das Letscho:
½ kg Paprikaschoten (grüne, gelbe und rote gemischt)
1 große Zwiebel
2 Knoblauchzehen
1 Dose Paradeiser
1 Schuss Weißwein
etwas Suppe
eine Prise Zucker
Olivenöl
Salz, Pfeffer
Petersilie, gehackt

Die Paprikaschoten entstielen, entkernen und in ca. drei cm lange Streifen schneiden. In einer Pfanne die gehackte Zwiebel in Olivenöl glasig anschwitzen. Danach die Paprikastreifen und die in feine Scheiben geschnittenen Knoblauchzehen untermischen und kurz anbraten lassen. Mit einem Schuss Weißwein ablöschen. Nun etwas Suppe zugießen und einige Minuten dünsten lassen. Die Dosentomaten grob würfelig schneiden, dazugeben, mit Salz, Pfeffer und einer Prise Zucker würzen und ein paar Minuten einkochen lassen. Das fertige Letscho warmstellen.

Die Zanderfilets kalt abwaschen und mit Küchenpapier abtupfen. Die Haut im Abstand von jeweils einem Zentimeter der Breite nach einritzen. Die Rosmarinnadeln hacken und leicht in die Hautschnitte eindrücken. Beidseitig etwas salzen und pfeffern. In einer Pfanne Olivenöl mit der Butter erhitzen, die Zanderfilets mit der Hautseite nach unten einlegen und zwei bis drei Minuten knusprig braten. Die Pfanne vom Herd nehmen, die Filets wenden und noch kurz durchziehen lassen.

Das Letscho auf den Tellern anrichten, die Zanderfilets der Breite nach halbieren und mit der Hautseite nach oben auf das Letscho legen.

Als weitere Beilage empfehlen sich Salzkartoffeln.

Vanillerostbraten

Der Rostbraten zählt zu den typischsten Wiener Gerichten. Es gibt ihn in den unterschiedlichsten Varianten. Eine davon ist der Vanillerostbraten, dessen irreführender Name an eine Zeit erinnert, als seltene Gewürze für einfache Haushalte noch beinah unerschwingliche Luxusprodukte waren. Unter diesen Vorzeichen erhielt der allzeit verfügbare, billige Knoblauch den Beinamen „Vanille des kleinen Mannes“.

Zutaten für 4 Personen:
4 Scheiben Rostbraten à 200 g
2 EL Butterschmalz (oder Sonnenblumenöl)
4 Knoblauchzehen, gepresst
etwas Suppe oder Kalbsfonds (zum Aufgießen)
Salz, Pfeffer
Mehl
1 EL kalte Butter zum Binden der Soße

Die Rostbratenscheiben mit einem Fleischklopfer vorsichtig dünn plattieren und an den Fetträndern – falls es Fettränder gibt – einschneiden. Mit Salz, Pfeffer und der halben Menge Knoblauch auf beiden Seiten einreiben. In einer Pfanne Butterschmalz erhitzen. Das Fleisch einseitig in Mehl drücken und mit der eingemehlten Seite nach unten ins heiße Fett legen. Braun braten und dabei einmal wenden. Die gebratenen Fleischscheiben aus der Pfanne heben und auf einem Teller beiseitestellen. Den Bratenrückstand mit Suppe oder Fonds ablöschen und etwas einkochen lassen. Währenddessen den restlichen Knoblauch hinzufügen. Zum Schluss die Pfanne vom Herd nehmen und die kalte Butter einrühren. Nun den Rostbraten wieder in die Pfanne legen und kurz durchziehen lassen. Mit Braterdäpfeln servieren.

Wer es lieber etwas magerer hat, nimmt statt Rostbraten Beiried. In jedem Fall sollte das Fleisch gut abgehangen sein.

Glossar

Beiried
Roastbeef

Beuschel
Lunge

Blunzen oder Blunz'n
Blutwurst. Übrigens in der Kombination „dumme Blunz'n" auch als Schimpfwort im Sinn von „dumme Kuh" gebräuchlich.

böhmakeln
mit tschechischem Akzent sprechen

Buchteln
Dampfnudeln aus Hefeteig, zumeist gefüllt mit Powidl

Dillfisolen
Fisolen (grüne Bohnen) in einer cremigen Butter-Mehl-Sauerrahm-Soße mit Dill

Einbrenn

eine Mehl-Butter-Schwitze, die zum Binden von Soßen oder Suppen verwendet wird

Erdäpfel

Kartoffeln

Faschiertes

Hackfleisch

Germ

Backhefe

glattes Mehl

Glattes Mehl ist ein handelsübliches Mehl der Type 480, das sich weich und samtig anfühlt. Demgegenüber besitzt griffiges Mehl eine etwas gröbere Körnung. Wenn man es angreift, spürt man die einzelnen Mehlpartikel zwischen den Fingern.

griffiges Mehl

s. glattes Mehl

KL

KL steht in vielen österreichischen Rezepten für die Maßeinheit Kaffeelöffel. Entspricht dem ansonsten üblichen TL für Teelöffel.

Knacker oder Knackwurst

eine gekochte Wurst aus feinem Brät, ähnlich den Frankfurter Würstchen, nur kürzer und sehr viel dicker

Kren

Meerrettich

Laberln

kleine Laibchen

Marillen

Aprikosen

Obers

flüssige süße Sahne, auch: Kaffeeobers

Panier

Panade

Paradeiser

Tomaten

Parasol

Riesenschirmpilz (Macrolepiota procera), eine Pilzart aus der Gattung der Riesenschirmlinge und ein sehr guter Speisepilz.

Petersilwurzel

Pfahlwurzel der Petersilienpflanze. In Österreich klassischer Bestandteil jedes Wurzelgemüsebunds (s. Wurzelgemüse)

Powidl

Pflaumenmus

Ringlotte

eine kleine runde Pflaumenart, von frz. *reineclaude*

Rostbraten

Ein leicht fasriges, saftiges Stück vom Rind, zum Teil mit Fett durchzogen. Es eignet sich gut für gedünsteten Rindsbraten.
Wird es mit den Rippenknochen geschnitten, werden daraus Rindskoteletts.

Sauerrahm

saure Sahne

Schlagobers

süße Sahne

Semmelbrösel

Paniermehl aus geriebenen, trockenen Brötchen

Servas Oida!

Grußform, durchaus nicht despektierlich gemeint, wörtlich „Servus, Alter!"

speckige Erdäpfel

Fest kochende Kartoffeln; im Gegensatz zu mehligen Erdäpfeln, also weich kochenden Kartoffeln

Staubzucker

Puderzucker

Zwetschken

Pflaumen

Tafelspitz

ein saftiges, feinfasriges, knochenfreies Stück Siedefleisch vom Rind

Topfen

Quark

versprudeln

verquirlen

Wadschinken

ausgelöste Hesse

Wurzelgemüse oder Wurzelwerk

Ein Bund Wurzelgemüse, wie er in Österreich fix und fertig in jedem Supermarkt verkauft wird, besteht üblicherweise aus ein, zwei Karotten, einer gelben Rübe, einem Stück Knollensellerie, einem Stück Lauch, einer Petersilienwurzel und etwas Petersilie.

Zwetschken

Pflaumen

Zwetschkenröster

eine Art dickflüssiges Kompott aus gedünsteten Pflaumen

Literatur und Quellenvermerke:

Lisa Fischer: Die Riviera an der Donau. 100 Jahre Strombad Kritzendorf. Böhlau, Wien 2003.

Ingrid Ganster: Tröpferlbad – Schwimmbad – Wellnessoase. Badebetrieb in Wien im Wandel der Zeit. Wiener Geschichtsblätter Beiheft 2., Wien 2007.

Franz Grillparzer. Finanzbeamter und Archivdirektor. Festschrift zum 200. Geburtstag. Herausgegeben vom Bundeskanzleramt der Republik Österreich. Steiger Verlag. Berwang & Landsberg 1991.

Fritz von Herzmanovsky-Orlando. Gaulschreck, Hofzwerg, Exzellenzen. Ausgewählte Werke. Darin: Der Gaulschreck im Rosennetz, S. 13–153. Langen Müller, München 2001.

Michael Hochedlinger, Thomas Just: „Diese Diebstähle sind einzig in der Geschichte aller Archive der Welt". Die Affäre Grill 1951–1953. Ein Beitrag zur Personengeschichte des Haus-, Hof- und Staatsarchivs zwischen 1. und 2. Republik. In: Mitteilungen des Österreichischen Instituts für Geschichtsforschung. Band 113, S. 362–388, Wien 2005.

Manfred Matzka. Vieler Herren Häuser. 20 Wiener Palais. Christian Brandstätter Verlag. Wien 2005.

Johann Nestroy. Stich- und Schlagworte. Hg. Reinhard Urbach. Deuticke. Wien, München 2000.

Das Pratermuseum. 62 Stichwörter zur Geschichte des Praters. Eigenverlag der Museen der Stadt Wien. Wien 1993.

Karl Pufler. Wo der Ziegelböhm tanzte ... Böhmischer Prater: Veranstaltungsort seit über 100 Jahren. Kulturverband Böhmischer Prater-Tivoli Wien. Wien 1999.

Wolfgang Slapansky: Das kleine Vergnügen an der Peripherie. Der Böhmische Prater in Wien. Picus. Wien 1992.

Wendelin Schmidt-Dengler. Bruchlinien. Vorlesungen zur österreichischen Literatur 1945 bis 1990. Residenz Verlag. Salzburg 1995.

Duncan J. D. Smith: Nur in Wien. Christian Brandstätter Verlag. Wien 2005.

S. B. Sutton: In China's Border Provinces. The Turbulent Career of Joseph Rock, Botanist-Explorer. Hastings House. New York 1974.

Friedrich Torberg: Die Tante Jolesch oder Der Untergang des Abendlandes in Anekdoten. Gesammelte Werke in Einzelausgaben Band VIII. Langen Müller. München 1975.

Richard A. Zahnhausen. Was aß Baron von Trotta wirklich am Sonntag? Anmerkungen zum Tafelspitz und zur longue durée des gekochten Rindfleisches in der Wiener Küche. In: Wiener Geschichtsblätter Heft 2. Wien 2003.

Orts- und Namensregister

Überarbeitete Neuauflage „Wien. Eine Melange“
(Sanssouci im Carl Hanser Verlag, München 2009)

Mit freundlicher Unterstützung:

Kulturabteilung der Stadt Wien,
MA7 - Literaturförderung

Verlagsbüro W. GmbH.
info@metroverlag.at

Printed in the EU
ISBN 978-3-99300-250-3